INLINE GUIDE

STUTTGART UND UMGEBUNG

15 ausgesuchte Routen für Fitness- + Recreation-Skater

WWW.INLINEGUIDE.DE

Herausgeber: Pecher & Böckmann GmbH, Essen
Texte: Tani Capitain, Tobias Lobstädt
Gestaltung: Volker Pecher, Herbert Menzel
Produktion: Herbert Menzel
Routengrafik: Tani Capitain, Page Line
Fotos: ROCES, Montebelluna
Melanie Schwarzer & Jan Wäller, Dortmund

INHALT

Vorwort 5
Ausrüstung / Skate-Know-how 6
Technik / Training 26
15 Inline-Fitness-Routen 30

HALLO SCHWARZFAHRER!

Der Rollschuh als Urvater des Inline-Skates war in seiner Blütezeit nicht nur ein sehr vielversprechender Weg zur ersten Bänderdehnung schon weit vor der Pubertät, sondern flog spätestens nach dem vierzehnten Geburtstag in die Ecke.

Doch das robuste Kinder-Spielzeug früherer Tage hat sich zu einem Sportgerät mit hoher Performance entwickelt – und ist doch bis heute ein Spielzeug geblieben, zumindest vor dem Gesetz. Vielleicht deshalb, weil sehr hohe Geschwindigkeiten recht spielerisch erreicht werden, vielleicht aber auch, weil Fitness-Skater/Innen im Durchschnitt zwischen 20 und 40 Jahre alt sind – Gründe genug jedenfalls, High-Tech-Skates verkehrsrechtlich auf die gleiche Stufe mit Bobby-Cars zu stellen und ihnen beispielsweise die Nutzung von Radwegen zu untersagen. Darüber lässt sich trefflich streiten, doch ist das an dieser Stelle zum Glück nicht unsere Aufgabe.

Man geht davon aus, daß inzwischen rund zehn bis zwölf Millionen verspielte Deutsche auf acht oder zehn Rollen unterwegs sind. Nach dem Gesetz gelten für sie die gleichen Regeln wie für Fußgänger, sie dürfen also nur auf ausgewiesenen Fußwegen, also über Bürgersteige und in Fußgängerzonen fahren. Außerhalb geschlossener Ortschaften müssen Skater sich folgerichtig am linken Fahrbahnrand orientieren und dort seinen Weg suchen – wir wünschen viel Glück dabei.

Mit dieser Regelung werden wir nun wohl leben müssen, auch wenn's schwer fällt. Ein eigenes Wegenetz für Inline-Skater ist weder finanzierbar noch gewünscht, niemand wird ernsthaft die Landschaft mit noch mehr Asphalt zuplätten wollen. Also gilt es, sich mit den Gegebenheiten zu arrangieren. Wer sich rücksichtsvoll verhält und einfach akzeptiert, dass man sich die vorhandenen Wege teilen muss, wird damit auch keine wirklichen Probleme haben.

Wir haben in diesem Inline Guide bei einigen wenigen Routen auch kurze Teilstücke auf Radwegen eingebaut, denn oftmals bieten sie die einzige Möglichkeit, reizvolle Streckenabschnitte sinnvoll miteinander zu verbinden. Wer diese Routen skatet, wird zum Schwarzfahrer – nur damit das klar ist.

Wir wünschen dennoch hunderte sturzfreie Kilometer und möglichst viele nette Begegnungen unterwegs.

Und niemals vergessen: Early and late is the best time to skate!

DIE QUAL DER WAHL

WIE FINDE ICH „MEINEN" INLINE SKATE?

1. Probiere möglichst viele Skates an. Kommen mehrere Modelle in die engere Wahl, vertraue Deinem Gefühl. Lass die Skates möglichst lange an den Füßen. Entscheide Dich für diejenigen, in denen Du Dich am wohlsten fühlst. Achte nicht nur auf die Farbe oder modische Aspekte.

2. Mach Dich erst nachmittags auf die Suche nach „Deinem" Paar Skates, denn dann haben sich Deine Füße voll ausgedehnt. Skates, die Du am Vormittag kaufst, können am Abend schon zu eng sein.

3. Probiere die Skates nicht mit zu dicken Strümpfen an, denn es kann passieren, dass Dein Fuß dann nicht genügend Halt findet. Für den späteren Einsatz sind Inline-Socken zu empfehlen, die an den entscheidenden Stellen gepolstert sind.

4. Die Ferse darf im Skate nicht hochkommen. Der Innenschuh sollte etwa 1 cm Freiraum an den Zehen bieten. Bei Softboots mit dem Fuß nach vorn rutschen, wenn zwischen Ferse und Schaft dann noch ein fingerbreit Platz ist, sitzt er optimal.

5. Prüfe Kunststoffschienen auf ihre Steifheit: Nimm den Skate mit den Rollen nach oben in die Hand, umgreife die erste und die letzte Rolle und versuche dann, die beiden inneren Rollen mit den Daumen nach unten zu drücken. Läßt sich die Schiene leicht eindrücken, hast Du den falschen Skate in der Hand. Aluschienen sind leicht und äußerst stabil, aber auch sehr kostspielig.

6. Beurteile den Leichtlauf der Rollen nicht danach, wie sie sich mit der Hand drehen lassen. Markenskates sind mit wartungsarmem Fett geschmiert, das seine richtige Schmierfähigkeit erst nach einigen Kilometern Fahrt erreicht. Schlecht drehende Rollen sind keineswegs ein Zeichen für schlechte Qualität.

7. Wichtig ist die Fußgelenkstabilität. Wenn sich die Schale im Knöchelbereich eindrücken läßt, stell die Skates zurück ins Regal. Labilität im Knöchelbereich - die manchmal als „sehr bequem" verkauft wird - kann übelste Verletzungen an den Bändern nach sich ziehen.

8. Entscheide Dich nicht zu schnell für oder gegen Schnallen oder Schnürung. Ein allgemeingültiges Optimum gibt es nicht, wenn dies auch immer wieder behauptet wird - schließlich ist jeder Fuß anders. Bei Schnallenbindung solltest Du darauf achten, dass mindestens drei Schnallen geboten werden.

THE RIGHT STUFF

DIE RICHTIGE AUSRÜSTUNG ZUM FITNESS-SKATEN

HELM

Nur mit Helm ist die Schutzausrüstung komplett. Wer das anzweifelt, sollte sich eine pralle Wassermelone vorstellen, die aus ungefähr zwei Metern Höhe auf den Asphalt geklatscht ist... Viel Spaß beim Grübeln.

SCHONER

Nicht einmal ein Fünftel aller Skater/Innen tragen das komplette Schonerset an Knien, Ellbogen und Handgelenken. 75% davon wiederum bezahlen diese Coolness mit üblen Verletzungen. Sollte das etwa Dummheit sein?

ALLES DREHT SICH

WIE KOMME ICH AUF DIE RICHTIGE ROLLE?

Geradezu unüberschaubar ist, was an Rollen in allen Farben und Größen auf dem Markt zu haben ist. Vor allem anderen muß sich jeder sich eine Frage beantworten: Wofür brauche ich die Rolle? Hat man hierzu einmal die Antwort gefunden, ist der Rest ganz einfach. Der Querschnitt einer Rolle legt fest, für welchen Einsatz-zweck sie geeignet ist. Auch die Größen und Härten variieren in den einzelnen DIsziplinen sehr stark.
Die Rollen sind meist aus Polyurethan (PU), denn bei Abrollverhalten, Haftung und Dämpfungseigenschaften ist dieses Kunststoffmaterial unerreicht.
Alle Fitness- und Speed-Rollen haben eine Felge, die das Gewicht reduziert, für die wichtige Kühlung sorgt und die Lager trägt. Sehr weiche Rollen sind sehr komfortabel, haben aber einen vergleichsweise hohen Abrieb. Harte Rollen sind schnell und halten länger, bieten aber nicht unbedingt die beste Laufruhe. Markenskates sind in der Regel mit guten Rollen ausgerüstet. Wer damit gute Erfahrungen ge-macht hat, sollte auch beim ersten Rol-lenwechsel dabei bleiben.
Bei einer Rolle wird immer der Außendurchmesser in Millimetern angegeben (40 bis 88 mm) sowie die Härte in Duro-metern („A“), in der Regel von 74 A (sehr weich) bis 100 A (sehr hart). Diese Anga-ben finden sich auf der Rolle selbst.
Um die Lebensdauer zu erhöhen, sollten sie in regelmäßigen Abständen untereinander ausgetauscht werden (Innenseiten nach außen und umgekehrt, erste und letzte Rolle gegen die beiden inneren tauschen).

ROLLENRADIEN	
	**SPEED** ø 76-82 mm Härte: 75-93 A
	**FITNESS UND RECREATION** ø 76-80 mm Härte: 78-90 A

Foto: ROCES INLINE-SKATES

NIE OHNE GUMMI

BREMSEN MÜSSTE MAN KÖNNEN

Mangelhafte Bremstechnik ist die Hauptursache für die meisten Stürze. Anfänger verlieren dabei schneller das Gleichgewicht, als sie es in ihren schlimmsten Träumen vorausgeahnt haben, auch Fortgeschrittene sehen dabei manchmal alles andere als gut aus.
Die serienmäßigen Bremsvorrichtungen an Inline-Skates muten im Vergleich zu den sonstigen technischen Details eher vorsintflutlich an. Ein dicker Gummiklotz, groß wie eine Babyfaust, ist hinten an den Skate geschraubt und bietet so die Möglichkeit, ihn durch die angehobene Fußspitze als Schleifbremse zu nutzen. Also im richtigen Moment das Füßchen hoch und schleifen lassen - wenn's doch nur so einfach wäre! Doch die Bremsleistung, die mit dem moppeligen Gummi erreicht werden kann, ist nicht gerade berauschend und dient vor allem den Einsteigern als Sicherheit.
Der Gummipömpel ist die gebräuchlichste Variante, vereinzelt tauchen andere Bremssysteme auf, die mehr oder weniger gut ihren Dienst verrichten. Wenn der unförmige schwarze Klops an der Hacke auch eher an Seifenkistentechnik erinnert, so funktioniert der „Heel-Stop“ – die richtige Einstellung vorausgesetzt – immer und überall, was man von anderen Bremstechniken nicht ohne weiteres behaupten kann.
Ob das Bremsgummi am rechten oder linken Skate angebracht sein sollte, kann jeder ganz leicht für sich selbst herausfinden. Der einfache Test: Stell Dich gerade hin, beide Füße nebeneinander. Dann laß Dir - von wem auch immer - einen leichten Stoß geben, so daß Du nach hinten kippst. Automatisch wirst Du versuchen, mit einem kleinen Ausfallschritt den Sturz zu verhindern. Der Fuß, mit dem Du Dich intuitiv abfängst, ist für alle Zukunft Dein optimaler Bremsfuß.
Bremsungen, die mittels der Fahrtechnik funktionieren, also T-Brake oder Powerslide, verlangen ein hohes Maß an fahrerischem Können, versprechen dafür aber bei richtiger Anwendung höchste Effektivität. Manchmal jedoch reicht ein kleiner Fehler, um aus der eleganten Technik-Bremse einen weniger eleganten Abgang Eine interessante Variante für den Notfall ist der kontrollierte Sturz (siehe Kapitel „Gesünder Stürzen“), der allerdings nur mit der kompletten Schutzausrüstung funktioniert: Wer wieder mal auf die Schoner verzichtet hat, wird sich mit dieser Sturztechnik problemlos beide Kniescheiben freilegen - mindestens…

THE RIGHT STUFF

DIE RICHTIGE AUSRÜSTUNG ZUM FITNESS-SKATEN

INLINE-SOCKEN

Wer sich regelmäßig in Inlinern auf die Socken macht, sollte seinen Füßen Gutes tun: Inline-Socken sind an den entscheidenden Stellen gepolstert und sorgen dauerhaft für ein gutes Skate-Gefühl.

TRINKSYSTEM

Wenn der Durst kommt, ist es meistens schon zu spät. Dies gilt für alle, die leistungsorientiert unterwegs sind. Für Ausdauersportler ist es wichtig, für ständige Flüssigkeitszufuhr zu sorgen. Damit man nicht für jeden Schluck anhalten muß, gibt es praktische Systeme.

WWW.INLINEGUIDE.DE

1898
Marathon-Hut „Hermes“
Fitness-Hut „Lausitz“
Windjoppe „Kriterium“ kombiniert mit Rennhemd „Rapid“
Gleitmantel „Niederelbe“ (schwitzdichte Zeppelinseide)
Windhose „Velocita“ (mit Schnellauf-Zwickel)
Wadenwickel „Kürassier“
Mono-Spurtstange
Laufstrumpf „Austerlitz“
Erd-Schlittschuh „Rollito“
Gleithose „Albatros“

Bekanntmachung!*

1. Trage immer die vollständige Schutzausrüstung (Helm, Handgelenk-, Ellenbogen-, Knieschoner, Brille und Klingel).

2. Lerne schnell, sicher und immer rechtzeitig zu bremsen.

3. Verliere nie die Aufmerksamkeit und sei anderen gegenüber immer achtsam und zuvorkommend.

4. Skate immer vorausschauend und riskiere niemals, die Kontrolle zu verlieren.

5. Wo auch immer Du unterwegs bist: Fahre stets auf der rechten Seite.

6. Überhole Fußgänger, Radfahrer und andere Skater immer auf der linken Seite. Mache rechtzeitig durch klingeln oder rufen auf Dich aufmerksam.

7. Meide Plätze, Flächen oder Strecken mit starkem Fußgänger- und Radverkehr.

8. Lasse im Zweifelsfall immer Fußgängern und Radfahrern den Vorrang.

9. Fahre nicht auf Radwegen oder öffentlichen Straßen.

10. Reduziere beim Fahren auf dem Bürgersteig immer die Geschwindigkeit und sei stets bremsbereit. Skate gerade dort besonders vorausschauend, denn Fußgänger haben auf jeden Fall immer Vorrang!

11. Meide nasse, ölige, sandige und staubige Wege sowie Unebenheiten und Schotter.

12. Die wichtigste Regel von allen: Verliere niemals die Lust, anderen ein Vorbild zu sein.

* Die wichtigsten Regeln des Deutschen Inline-Skate-Verbandes (D.I.V.)

SKATE-KOSMETIK

WIE PFLEGE ICH MEINE BESTEN STÜCKE?

Man muß kein technisches Genie sein, um die wesentlichen Pflegearbeiten selber zu erledigen. Hier nur die wichtigsten:

1. Rollentausch
Der regelmäßige Rollentausch verlängert die Lebensdauer. Da sich die Rollen einseitig abfahren, sollte die erste gegen die dritte und die zweite gegen die vierte Rolle getauscht werden, wobei sie jeweils um 180 Grad gedreht werden.

2. Lager fetten
Der Aufwand hängt von der Lagerart ab. Bei geschlossenen, wartungsfähigen Lagern muß einer der beiden Deckel, die mit einem Sprengring versehen sind, mit einem kleinen, spitzen Schraubenzieher oder einem Messer geöffnet werden. Dann kann man das Lager und die Kugeln putzen und entfetten (Zitrusreiniger / Waschbenzin), klar abspülen und trocknen. Dann muß man sie mit einem Tropfen Öl oder Lagerfett neu schmieren, wieder zusammensetzen und einbauen. Öl wirkt schneller, muß aber schneller nachgeschmiert werden, Fett ist zäher und braucht ein wenig Zeit zur optimalen Wirkung, ist dafür aber wesentlich wartungsärmer.
Zwischendurch sollten die Lager auch immer wieder mit einem weichen, trockenen Tuch von außen abgerieben werden.

3. Bremsklötze auswechseln
Bei jedem Pflegeintervall sollte immer auch ein Auge auf die Bremsklötze geworfen werden. Sind sie stark abgenutzt, muß man sie neu einstellen oder gegen neue austauschen. Dies geht in der Regel mit Hilfe des mitgelieferten Inbusschlüssels sehr leicht.

4. Geschraubte Schienen checken
Schienen, die an den Schuh angeschraubt sind, sollten in regelmäßigen Abständen (alle 50-60 km) an ihren Verschraubungen überprüft werden. Die dort wirkenden Kräfte sind so enorm, dass sich die Schrauben lockern können. Die ständige Kontrolle verhindert böse Überraschungen.

5. Allgemeine Pflege
Die Skates nach jedem Einsatz gründlich mit einem feuchten Tuch abwischen. Das läßt sie dauerhaft gut aussehen und sorgt dafür, daß auch kleine Macken nicht verborgen bleiben. Außerdem beschäftigt man sich mit dem Skate und wird auf anstehende Wartungsarbeiten aufmerksam.
Auch wenn viele Skates gut belüftet sind, schwitzen die Füße in den Kunststoffschalen sehr. Deshalb die Innenschuhe zum Lüften aus der Schale ziehen und, falls möglich, waschen. Softboots ohne herausnehmbare Innenschuhe an gut belüftete Plätze zum Ausdünsten stellen.

THE RIGHT STUFF

DIE RICHTIGE AUSRÜSTUNG ZUM FITNESS-SKATEN

SONNENBRILLE

***Endlich mal ein Teil der Schutzausrüstung, das auch noch für ein cooles Outfit sorgt.
Beim Kauf auf Wechselgläser und hohe Funktionalität achten.***

KLINGEL

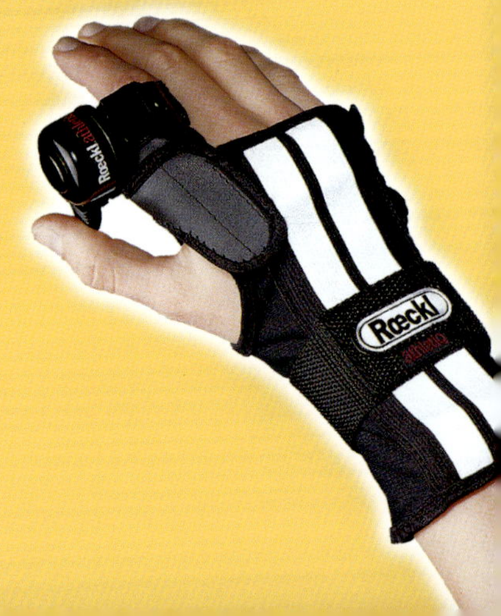

Wer oft auf belebten Strecken skatet, sollte nicht ohne „Signalgerät" unterwegs sein. Empfehlenswert ist der Skate-Guard, denn der vertraute Klang der Fahrradklingel sorgt für ein ebenso vertrautes Verhaltensmuster: rechts ran, da kommt einer!

WWW.INLINEGUIDE.DE

TRAGENDE ROLLE

WELCHE SCHIENE IST DIE RICHTIGE?

GEHSCHIENE

Immer wieder trifft man auf Passagen, die unskatable sind. Der lästige Schuhwechsel entfällt, wenn Gehschienen griffbereit sind. Einfach auf den Boden legen, reinsteigen, und schon ist Schluß mit der Rollerei. Vorsichtig gehen, damit man auf den recht hohen Absätzen nicht umknickt.

HERZFREQUENZ-MESSGERÄT

Wer den Fitness-Gedanken hochhält, seine Fortschritte genau beobachten und die nächsten Trainingseinheiten gut planen möchte, wird ein Herzfrequenz-Meßgerät zu schätzen wissen.

Je stabiler die Schiene, desto höher die Laufruhe. Auf diese einfache Formel läßt sich die ganze Kaufberatung reduzieren. Das Angebot an Material und Verarbeitung ist mittlerweile sehr groß. Angefangen von den Skates der untersten Preiskategorie, bei denen nicht selten Schuh und Schiene in einem Stück gegossen sind, bis hin zu superleichten und dennoch supersteifen Carbon- oder Magnesium-Schienen ist auf dem Markt so ziemlich alles zu haben.
Generell ist zu empfehlen, auswechselbare Schienen zu bevorzugen. Bei den überwiegend eingesetzten Kunststoffschienen lohnt ein Blick ins Innere. Dort sollten sich möglichst viele Verstrebungen befinden, denn neben der Beschaffenheit des Materials gewährleistet vor allem das aufwendige Innenleben die so wichtige Verwindungssteifheit.
An Kunststoffschienen, die sich mit der Hand verbiegen oder am Rand tief eindrücken lassen, wird man nicht allzuviel Freude haben, denn die Fahrt mit solchen Weichlingen wird schnell zum Eiertanz.
Skatern mit einem Körpergewicht weit jenseits der 80 Kilogramm sind in jedem Fall Aluschienen zu empfehlen, die noch immer das beste Verhältnis von Gewicht und Festigkeit bieten (einmal abgesehen von den High-Tech-Frames aus Carbon oder Fiberglas, die mittlerweile ebenfalls erhältlich sind und sich vor allem bei Speed-Skatern steigender Beliebtheit erfreuen). Solche Qualität hat natürlich ihren Preis, doch schnellen die Preise dabei nicht so weit nach oben, dass der finanzielle Mehraufwand nicht doch gerechtfertigt wäre. Letztlich geht es neben der Sicherheit ja auch um den Fahrspaß, der dauerhaft erhalten bleiben soll.
Doch sind Aluschienen nicht generell das Maß aller Dinge. Auch hochwertige Kunststoff-Schienen können dauerhafte Stabilität gewährleisten, wenn der Skater sich im Bereich des normalen Körpergewichtes bewegt. Deshalb beim Kauf immer genau hinsehen! Zuviel Skepsis muß allerdings auch nicht sein, denn insbesondere bei Markenskates in der oberen Preiskategorie kann man getrost davon ausgehen, dass die angebrachten Schienen den hohen Belastungen problemlos standhalten.
Viele Schienen erlauben das sogenannte „Rockering", die Möglichkeit der Höhenverstellung der Rollen in der Schiene. Es gibt drei Einstellungen: Flat Rockering (alle Rollen auf einer Höhe/Fitness und Speed), Negative Rockering (die beiden mittleren Rollen sind höher angebracht/Street) und Positive Rockering (die beiden äußeren Rollen sind höher angebracht/Hockey).

THE RIGHT STUFF

DIE RICHTIGE AUSRÜSTUNG ZUM FITNESS-SKATEN

INLINE-RUCKSACK

Zum Transport der Skates gibt es mittlerweile zahlreiche Rucksacksysteme auf dem Markt. Empfehlenswert die durchdachten Modelle von DEUTER, die in zahlreichen Varianten und Outfits erhältlich sind.

MEHRZWECKSCHLÜSSEL

Die drei omnikompatiblen Enden dieses freundlichen kleinen Helfers machen das Multi-Tool zum praktischen Begleiter für jede Tour. Kleinere Reparaturen können damit problemlos ausgeführt werden

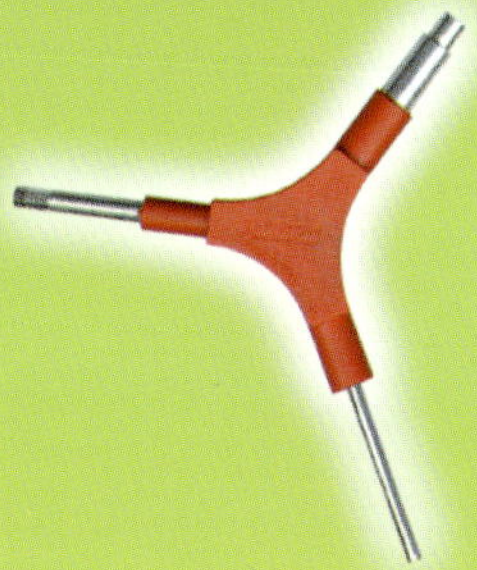

SO IST'S RECHT!

INLINE-SKATING UND VERKEHRSRECHT

Spritzig, schnell und smart – so beschreiben über zehn Millionen Deutsche ihr Hobby. Ob als Speedskater oder Freizeitgleiter – wer einmal mit Skates auf der Piste war, ist meist völlig von der Rolle.

Das Skaten ist nahezu unvergleichlich: Skater sind fitter als Autofahrer, flinker als Radler und flotter als Fußgänger. Und doch fordert das Verkehrsrecht einen Vergleich, denn es braucht eine klare Rollenzuweisung für Inline-Skater im Straßenverkehr.

Inline-Skates zählen nach dem Gesetz zu den „besonderen Fortbewegungsmitteln".

Für Skater gelten damit die gleichen Verkehrsregeln wie für Fußgänger. Inline-Skates dürfen also auf Bürgersteigen und Gehwegen sowie in Fußgängerzonen und in verkehrsberuhigten Bereichen benutzt werden.

RECHTLICH GESEHEN!

- Inline-Skates sind keine Fahrzeuge, sondern besondere Fortbewegungsmittel (§ 24 Abs. 1 StVO)
- Für Inline-Skater gelten die gleichen Rechte und Pflichten wie für Fußgänger
- Inline-Skates dürfen auf dem Bürgersteig nicht als Sportgeräte genutzt werden
- Wenn nötig, darf nur mit Schrittgeschwindigkeit gefahren werden

SKATEN GESTATTET!

GEHWEGE

VERKEHRSBERUHIGTE BEREICHE

FUSSGÄNGERBEREICHE

Besondere Aufmerksamkeit müssen Inline-Skater immer den Fußgängern widmen.

Wenn es erforderlich ist, muss auf Schrittgeschwindigkeit (5-7 km/h) abgebremst werden. Jeder Skater weiss, dass die Durchschnittsgeschwindigkeit schon bei lockerem Dahinrollen mehr als das Doppelte beträgt.

Fahrbahnen und Seitenstreifen sind für Inline-Skater tabu, auch wenn diese manchmal einen verlockend glatten Untergrund haben.

Ausnahmen bilden lediglich Straßen außerhalb geschlossener Ortschaften, die keinen Gehsteig haben. Hier müssen Inline-Skater wie Fußgänger den linken Fahrbahnrand benutzen.

Ebenfalls nicht gestattet ist das Skaten auf Fahrradwegen. Auch wenn viele Skater dieses Verbot missachten, sollte man sich nicht davon anstecken lassen.

Zwar sind Radfahrer dem Tempo von Skatern viel näher als Fußgänger, doch sind Radwege oftmals zu schmal, um beiden Gruppen genügend Platz zu bieten.

DREI SCHULDFRAGEN!

Bei der haftungsrechtlichen Betrachtung sind drei Fragen entscheidend:

- Ereignete sich der Schadensfall auf Gehweg, Radweg oder Fahrbahn?
- Wie hoch war die Geschwindigkeit?
- Ist der Inline-Skater ein Kind, ein Jugendlicher oder ein Erwachsener?

Außerdem darf man nicht aus dem Auge verlieren, welche haftungsrechtlichen Probleme bei einem Unfall auftreten können. Denn natürlich wird im Falle eines Schadens zunächst geprüft, inwieweit sich die Unfallbeteiligten an die Verkehrsregeln gehalten haben.

Solche Regeln sind für jede Gruppe von Verkehrsteilnehmer in der StVO festgelegt und stellen meist Schutzgesetze zu Gunsten der anderen Verkehrsteilnehmern dar.

Für Inline-Skater gelten die Regeln für Fußgänger. Auskünfte über Gerichtsentscheidungen nach Skater-Unfällen können bei der eigenen Versicherung erfragt werden.

Die beste Versicherung für unfallfreie Fahrt und Spaß am Skaten ist jedoch noch immer und überall die nötige Fairness im Verkehr.

Weitere Info-Materialien bzw. Kurse zum Thema Inline-Skating sind auch bei folgenden Mitgliedern des Deutschen Verkehrssicherheitsrates e.V. erhältlich:

DEA Mediatek
Am Pannacker 2, 53340 Meckenheim
(Video)

Deutsche Verkehrswacht e.V.
Am Pannacker 2, 53340 Meckenheim
„Skate & Roll" Lehrerhandbuch / Schulung

D.I.V.
Deutscher Inline Skate-Verband e.V.
Bergstraße 20, 64342 Seeheim-Jugenheim

Hamburger Inline Schule
Mollerstr. 10, 20148 Hamburg

Landesverkehrswacht Schleswig-Holstein
Westring 260, 24116 Kiel
Broschüre „Dangerzone"

TÜV Nord Akademie
Segeberger Landstr. 26, 24145 Kiel
Sicherheitstraining

ADAC
Allgemeiner Deutscher Automobil-Club e.V.
Am Westpark 8, 81373 München
K2 Skate College
Hotline: 0190 / 55 75 555

ACE
Auto Club Europa e.V.
Schmidener Str. 233, 70374 Stuttgart
Broschüre „Safer Skating for Kids"

AOK-Bundesverband
Kortrijker Str. 1, 53177 Bonn
Broschüre „Easy Inline"

BUK
Bundesverband der Unfallkassen e.V.
Fockensteinstr. 1, 81539 München
Lehrerbrief „Inline-Skating in der Schule"

Berufsgenossenschaft für Gesundheitsdienst und Wohlfahrtspflege
Pappelallee 35-37, 22089 Hamburg
Inline-Skating „Arbeitsberichte zur Verkehrssicherheit", SSN 1434-1344

Eine ausführliche Broschüre zum Thema Inline-Skating und Verkehrsrecht ist direkt erhältlich beim Deutschen Verkehrssicherheitsrat e.V., Beueler Bahnhofsplatz 16, 53222 Bonn

Deutscher Verkehrssicherheitsrat e.V.

DER RICHTIGE DREH

INLINE SKATE-LAGER

ZERLEGTES LAGER: ABEC 5 „ZZ"

Beim Inline-Skaten dreht sich im wahrsten Sinne des Wortes alles um die Lager. Jede Rolle hat gleich zwei davon, macht also 16 Kugellager für ein Paar Inline-Skates. Allein die Lager entscheiden, ob es läuft wie geschmiert oder ob der Spaß auf der Strecke bleibt. Die Kugellager haben ein Standardmaß von 22 mm Außen- und 8 mm Innendurchmesser, bei einer Dicke von 7 mm. Sie werden in vier Qualitätsstufen angeboten: ABEC 1, 3, 5 und 7 (ABEC = Annular Bearing Engineers Commitee; amerikanische Qualitätsnorm für Kugellager). Die Werte beziffern die Verarbeitungsgenauigkeit der Bestandteile eines Lagers. Je höher der Wert, desto besser. Neben der ABEC-Einstufung finden sich bei der Lagerbezeichnung noch weitere Ziffern, z.B. „ZZ", „Z" und „RS".
„ZZ" bedeutet, dass das Lager auf beiden Seiten mit Metallkappen vor grober Verschmutzung geschützt ist, „Z" zeigt den einseitigen Schutz an, wobei die ungeschützte Seite nach innen in die Rolle eingesetzt wird. „RS" signalisiert beidseitig mit Kunststoff-Dichtungen geschützte Lager, die auch Wasser und Staub fernhalten. Dabei gibt es noch Unterschiede bei den geschlossenen Lagern, denn manche sind wartungsfähig (mit Kunststoffkappe oder mit Sprengring versehen), andere wiederum sind nicht zu „knacken". Also beim Kauf danach fragen, ob die Lager wartungsfähig sind.

Das Material spielt bei Kugellagern eine große Rolle. Kugeln und Laufbahnen aus Qualitäts-Stahl sind das Beste, auch beim Lagerkäfig sollte man nicht auf Messing oder Nylon als billige Alternativen ausweichen. Denn hat sich einmal ein wenig Schmutz eingeschlichen, sind diese Lager recht schnell verschlissen.

Auch die Lagerpflege ist wichtig und kann die Lebensdauer deutlich verlängern. In der Regel sollte man sie ab und an von außen trocken abwischen. Wurden die Lager dem Regen ausgesetzt, sollte man sie zu Hause sofort ausbauen, trocknen, in Lösungsmittel einlegen und mit graphit- und teflonfreiem Lagerfett neu schmieren.

WWW.INLINEGUIDE.DE

LOCKER BLEIBEN

ODER: WIE BEREITE ICH MICH AUF DAS SKATEN VOR?

Der Inline-Boom hat auch seine Schattenseiten. Das können vor allem die Krankenkassen bestätigen. Die Zahl der Verletzungen ist so hoch, dass die Kosten für die Behandlung und Rehabilitation von verletzten Inline-SkaterInnen bereits in den dreistelligen Millionenbereich gehen! Pro Jahr, versteht sich.
Die AOK ist deshalb aktiv geworden und hat unter dem Titel „EASY INLINE“ ein Magazin für Fitness-SkaterInnen produziert, welches in jeder Geschäftsstelle der AOK kostenlos erhältlich ist. Die folgenden vier Seiten enthalten einen Auszug aus dem Inline-Kurs mit Bundestrainer Roland Klöß, entnommen aus dem EASY INLINE-Magazin der AOK:

Ohne Warm-up nie auf die Skates! Der Körper muß zunächst mal selbst „auf Touren” kommen. Dazu sind die folgenden Übungen und Tipps sehr geeignet.

- Muskeln lockern und erwärmen
- für die Übungen bequeme Positionen einnehmen
- langsam an die Beweglichkeitsgrenze gehen
- immer 15-20 Sekunden belasten mit 2-3 Wiederholungen

1. Schultergürtelmuskulatur
Den Arm vor dem Körper so anwinkeln, dass sich der Ellbogen vor dem Gesicht befindet. Der andere Arm drückt nun sanft von außen gegen den Ellbogen.

2. Hals- und Nackenmuskulatur
Kopf im Stand zur Seite ablegen, rechte und linke Hand abwechselnd leicht auf den Kopf auflegen, und den Ellbogen des angehobenen Armes nach außen ziehen.

3. Hüftstrecker
In der Rückenlage wird ein Bein vom entgegengesetzten Arm in einer angewinkelten Position leicht zu Boden gedrückt. Beide Schultern haben Bodenkontakt.

4. Hintere Oberschenkelmuskulatur
Sitzend (Beine parallel gestreckt) wird der Oberkörper nach vorne geneigt. Wichtig: Den Rücken dabei stets gerade halten.

5. Vordere Oberschenkelmuskulatur
Im Stand ein Bein anwinkeln und mit dem Arm am Fußrücken so weit an den Körper heranziehen, bis die Ferse den Po berührt.

6. Fußstrecker
Während des Anlehnens an die Wand die Hüfte nach vorn drücken. Das hintere Bein ist die gerade Verlängerung zum Rücken.

1.

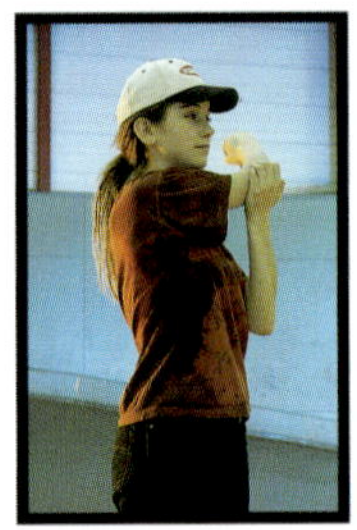

2.

3.

4.

5.

6.

HALTUNG BEWAHREN

ODER: WIE FINDE ICH DIE RICHTIGE KÖRPERHALTUNG?

1.

2.

ÜBUNG 1

ÜBUNG 2

1. In der optimalen Position bilden die Knie einen leichten Winkel, so, als säße man in der Hocke. Wenn der Oberkörper zudem leicht nach vorne gebeugt ist, verteilt sich das Gewicht gleichmäßig auf alle Rollen. Den richtigen Punkt findet man am einfachsten, indem man ganz leicht mehrmals von vorne nach hinten schaukelt. Schulter, Knie und Fußspitzen bilden von der Seite betrachtet immer eine senkrechte Linie zum Boden.

2. In dieser stabilen Position ist der Körper sehr gut kontrollierbar. Auch wenn es zunächst in den Beinen etwas anstrengend ist: erst in dieser skating-position kommt der richtige Spaß auf. Die Arme befinden sich dabei stets vor dem Körper und werden nicht auf den Oberschenkeln abgestützt. Diese Position ist die Basis für sicheres Skaten und die Ausgangsposition für alle folgenden Übungen in diesem Inline-Kurs.

Ganz wichtig für ein angenehmes und sicheres Skaten ist die richtige Balance auf den Skates, d.h. der Fuß darf weder nach innen noch nach außen umknicken. Viele Skates bieten automatisch eine hohe Stabilität im Knöchelbereich, doch gutes Material ist nur die halbe Miete auf dem Weg zum sicheren Skaten. Wichtig ist vor allem das richtige Gefühl für die Skates. Trainieren kann man die Balance am besten durch die beiden folgenden Übungen:

Übung 1:
Die Bilder links und rechts zeigen das bewußt „übertriebene“ außen- bzw. innenkanten während einer Rollphase. Die Skates rollen dabei parallel in einer Linie. Beim Umsetzen von der Außen- auf die Innenkante kann man sehr genau spüren, wann der optimale Balancepunkt erreicht ist, hier zu sehen auf dem mittleren Bild.

Übung 2:
Beim Slalomfahren wird man indirekt gezwungen, immer auf die Innen- bzw. Außenkante der Skates zu gehen. Beide Inliner bleiben auch hierbei möglichst parallel nebeneinander. Je besser man dieses „Kanten“ beherrscht, umso einfacher fällt dann später das Slalomlaufen. Dabei werden, wie beim normalen Kurvenlauf auch, immer nur die Skate-Innenkanten belastet. Nur wenn man den genauen Mittelpunkt der Skates gefunden hat, setzt man die Bewegungen hinterher auch wirklich sicher um. Und wenn man es dann kann, ist plötzlich alles ganz einfach. Wie immer.

VON 100 AUF NULL

ODER: WIE BREMSE ICH?

1.

2.

3.

1. Heel-Stop
Die Standard-Bremse für jedermann:
Aus der skating-position heraus wird der Skate, an dem das Bremsgummi befestigt ist, leicht nach vorn geschoben. Das Körpergewicht bleibt dabei auf dem anderen Bein. Die Arme dienen der Balance am besten, wenn man sie vor dem Körper waagerecht hochhält. Den Bremsskate nun zunächst leicht an der Fußspitze anheben, bis die Bremskraft einsetzt. Der Oberkörper sollte dabei möglichst ruhig gehalten werden, damit man die Bremsrichtung nicht verändert.
Je mehr Tempo, desto größer muß der Druck auf den Bremsskate sein. Dennoch sollte man zunächst möglichst langsam anfangen und den Druck dann erst durch ein Anheben der Fußspitze des Bremsskates erhöhen. Wenn noch mehr Bremskraft benötigt wird, das Körpergewicht langsam und leicht nach vorne verlagern.

Achtung: Die Gummi-Stopper nutzen mit der Zeit ab und sollten deshalb regelmäßig auf ihre Funktionalität überprüft werden.

2. T-Break
Aus der skating-position heraus wird ein Bein maximal im rechten Winkel auf dem Boden schleifend hinterher gezogen. Das Körpergewicht bleibt dabei auf dem Gleitbein. Mehr Druck auf dem Bremsbein bedeutet mehr Bremskraft. Zunächst sollte der Druck auf den Bremsskate nur sehr leicht ausgeübt werden, um dann langsam das Körpergewicht auf den Bremsskate nach hinten zu verlagern.

Achtung: Beim „Schleifen“ im rechten Winkel drehen sich die Rollen des bremsenden Skates nicht mit, d.h. der Rollenverschleiß ist sehr hoch. Deshalb ist ein Bremswinkel, bei dem sich die Rollen mitdrehen, wesentlich rollenschonender.

3. Powerslide
Für geübte Skater und zum Bremsen aus höheren Geschwindigkeiten am besten geeignet ist der Powerslide. Der Anspruch an das individuelle Können ist hierbei allerdings sehr hoch, denn vor der eigentlichen Bremsung muß man in die Rückwärtsfahrt umspringen. Nur aus dieser Rückwärtsbewegung heraus funktioniert der Powerslide.
Den Blick voraus wird das Bremsbein dann gegen die Fahrtrichtung gestemmt, die Rollen schleifen auf dem Boden. Durch erhöhten Druck auf den Bremsskate erhöht sich die Bremswirkung.

Achtung: Auch hier ist der Rollenverschleiß sehr hoch.

Für alle Bremstechniken gilt:
Üben, üben, üben! Niemals sollte man sich auf nur eine Bremstechnik verlassen! Für alle gilt die Regel, dass es ein Standbein gibt auf dem das Körpergewicht ruht und ein Bremsbein, auf dem anfangs möglichst wenig Körpergewicht liegen sollte.
Jeder Skater muß sein persönliches Bremsbein selbst bestimmen. Ein Tip: Durch eine einfache Bremswegmessung hat man nicht nur viel Spaß, sondern ermittelt auch sehr einfach die für sich effektivste und somit beste Bremstechnik.

Alle Bremstechniken haben ihre Tücken und sind eigentlich nur zum Anbremsen oder zur Tempominderung geeignet, deshalb muß die Geschwindigkeit immer der Umgebung und dem eigenen Können angepaßt sein!

GESÜNDER STÜRZEN

ODER: WIE FALLE ICH RICHTIG?

A

B

C

D

Wenn der Sturz unvermeidlich ist, ist noch nicht alles verloren. Ein kontrollierter Sturz kann sogar in brenzligen Situationen die beste aller Bremstechniken sein. Es kommt vor allem auf zwei Dinge an: Die richtige Technik zu beherrschen und die komplette Schutzausrüstung zu tragen. Nur diese garantiert im Fall eines Falles den verletzungsfreien Sturz. Wer den Ablauf auf den Bildern A bis D mehrfach wiederholt, ist für den Ernstfall gewappnet.

Diese Übung wird zunächst aus dem Stand heraus durchgeführt. Wenn man sich dann sicher genug fühlt, sollte das Stürzen immer aus der Fahrt heraus geübt werden. Der Bodenbelag sollte beim Üben möglichst glatt sein. Achtung: Je schneller man fährt, desto schwieriger wird es, die richtige Fahrt- oder Sturzrichtung einzuhalten.

Phase A:
Es ist generell sehr wichtig, immer nach vorn zu fallen (Stürze nach hinten sollten aus dieser Position erst gar nicht passieren, denn sie sind zumeist unkontrolliert und damit sehr gefährlich - außerdem hat man hinten keine Schoner). Die Arme werden angewinkelt nach oben genommen, denn den ersten Bodenkontakt müssen die Knie haben.

Phase B:
Das Fallen auf die Knieschoner ist anfangs eine Mutfrage. Mit der entsprechenden Ausrüstung merkt man aber schnell, daß der Sturz auf die Knieschoner tatsächlich keinerlei Schmerzen bereitet. Die Arme bleiben zunächst noch angewinkelt in der Luft und kommen erst später zum Einsatz.

Phase C:
Nachdem man auf beiden Knieschonern gelandet ist, wird der Oberkörper nach vorne gekippt, bis die Ellbogen auf dem Boden aufsetzen. Ohne Schoner wäre das schmerzlos undenkbar, mit Schonern werden die Ellbogen zum Bremsanker. Die Hände bleiben immer noch in der Luft.

Phase D:
Erst jetzt kommen die Hände mit den Handgelenkschonern zum Einsatz. Hierbei ist es wichtig, die Fingerspitzen nach oben zu strecken, weg vom Boden. Wenn man diese Phase des Sturzes erreicht hat, ist schon fast alles vorüber - und es hat gar nicht weh getan!

Achtung: Die Risiken beim Skaten liegen oftmals allein in der Selbstüberschätzung. So schön es beispielsweise auch sein mag „downhill" einen Berg hinunter zu rauschen, so gefährlich ist es auch.
Selbst Profis warnen davor, denn bei höheren Geschwindigkeiten können weder die besten Bremstechniken noch der beste Inline-Skater die Skates unter Kontrolle halten. So, nun aber viel Spaß beim Üben und Skaten!

DIE LAGE

UNSER „KURSANGEBOT" IN STUTTGART

Inline-Skates funktionieren nur auf glattem Asphalt, der allerdings über etliche Kilometer hinweg sehr schwer zu finden ist. Erkundungen auf eigene Faust enden deshalb oft im geschotterten Abseits. Wo skaten also, wenn die immergleiche „Hausstrecke" nach und nach langweilig wird?

Wir bieten im INLINE GUIDE 15 Alternativen an, die von Inline-Scouts auf ihre Tauglichkeit gecheckt wurden. 15 Strecken unterschiedlichen Charakters, Routen zum bummeln und sprinten, Touren für Träumer und Tempo-Freaks. Dazu sei gesagt, daß die verkehrsrechtliche Situation der Inline-Skater vielen interessanten Rundkursen noch immer einen Riegel vorschiebt, denn wenn sich auch in der harten Realität schon längst Sohlen, Reifen und Rollen die Wege teilen, so müssen sich doch alle Skater darüber im klaren sein, daß die Benutzung von Radwegen mit den rollenden Schuhen noch immer nicht erlaubt ist.

Wir sind jedoch der Zeit ein wenig vorausgeeilt und haben in einige Routen auch Abschnitte auf Radwegen eingebaut, allein deshalb, weil es sich kaum vermeiden läßt. Wer diese Routen dennoch skatet, wird also zum Schwarzfahrer.

Um so wichtiger, daß Walker, Biker und Skater zukünftig noch mehr Rücksicht aufeinander nehmen. Wir haben die vorgestellten Routen mir großer Sorgfalt erkundet. Sollte sich dennoch irgendwo ein Fehler eingeschlichen haben, so laßt es uns bitte wissen. Auch können wir nicht ausschließen, das Details sich im Laufe der Zeit verändern. Um den INLINE GUIDE immer auf dem aktuellsten Stand zu halten, sind Eure Hinweise - z.B. auf Baumaßnahmen - bei uns sehr willkommen.

Eine Übersicht aller in den Karten verwendeten Symbole zeigt Euch der praktische kleine Klapper auf der letzten Seite des Buches, den Ihr auch als Lesezeichen nutzen könnt.

Viel Spaß also bei der Lektüre und viele erlebnisreiche und sturzfreie Kilometer auf acht oder zehn Rollen.

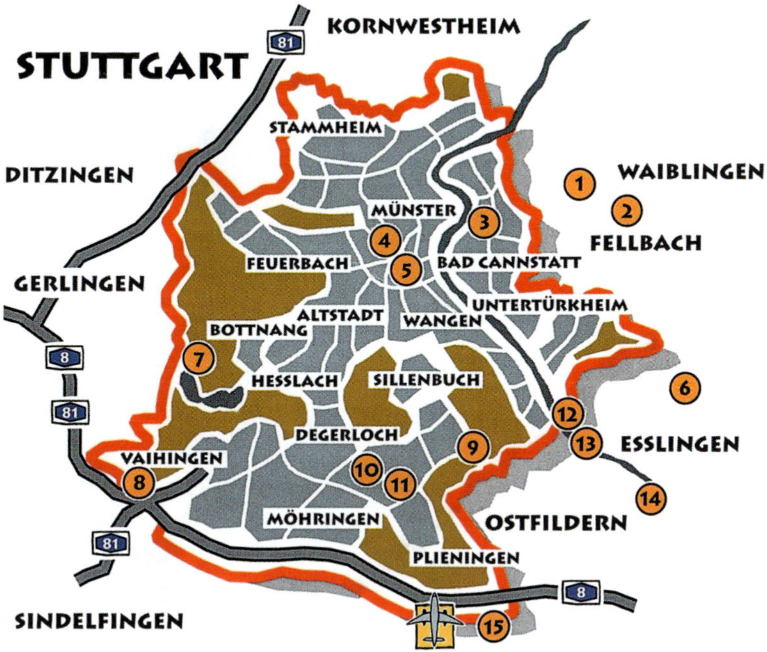

1. Von Waiblingen nach Hegenach
2. Von Waiblingen nach Winterbach
3. Von Bad Cannstatt zum Max-Eyth-See
4. Von der Maybachstraße zur Botnanger Straße
5. Vom Hauptbahnhof zum Rosensteinpark
6. Von Aichelberg nach Aichschieß
7. Bärenschlößle
8. Katzenbacher Hof
9. Sillenbuch
10. Von Degerloch nach Birkach
11. Von Degerloch nach Scharnhausen
12. Von Esslingen nach Stuttgart
13. Von Esslingen nach Denkendorf
14. Von Deizisau nach Nürtingen
15. Von Neuhausen nach Bernhausen

WAIBLINGEN
200 M
400M
600M
S
N
S2/3
HALTESTELLE WAIBLINGEN
S3
S2
KLEIN-HEGNACH (WAIBLINGEN)
HEGNACH (WAIBLINGEN)
HOHENACKER (WAIBLINGEN)
REMS
WENDEPUNKT
NEUSTADT (WAIBLINGEN)
START
BIERGARTEN
BIERGARTEN
NEUSTÄDTER STR.
RICHTUNG STUTTGART
ANSCHLUSS AN TOUR NR. 2
SCHORNDORFER STR.
AN DER TALAUE
29
14
1 TALSTRASSE
2 BADSTRASSE
3 SCHMIEDENER STR.
4 WINNENDER STR.
5 HEGNACHER HÖHE
6 KLINGLESTALSTR.

TOUR NR. 1

VON WAIBLINGEN NACH HEGNACH

7 KM / EINSTEIGER-GEEIGNET

LAGE:
Nordöstlich von Stuttgart, an der Rems

STARTPUNKT:
Parkplatz Badstraße, Ostufer der Rems

ANFAHRT:
Pkw: BAB 81, Ausfahrt Zuffenhausen. Weiter auf der B 10 Richtung Stuttgart/Bad Cannstatt. In Bad Canstatt auf der B 14 Richtung Waiblingen bis zur Abfahrt Waiblingen. Geradeaus über die Straße "An der Talaue" - später Neustädter Straße. An der Kreuzung Talstraße nach links auf die Talstraße einbiegen. An der nächsten Kreuzung liegt - dem Sportplatz gegenüber - rechter Hand ein Parkplatz.

ÖPNV: Vom Hauptbahnhof Stuttgart mit der S2 (Richtung Schorndorf) bis Bahnhof Waiblingen. Nun weiter mit der Buslinie 201 Richtung Bitterfeld, bis Haltepunkt "Wagen".

STRECKENCHARAKTER:
100 % Asphalt. Hin- und Retour-Strecke, durchgehend eben

SPECIALS:
Zwei Gastropunkte

TIPP:
Schöne und selbst am Wochenende ruhige Strecke entlang der Rems durch Wälder und Wiesen. Es sind hier kaum Autos unterwegs und da der Weg schön eben ist, könnt Ihr prima Tempo machen. Übrigens: Nur knapp 2 km südlich findet Ihr am Freibad den Einstieg in die Tour Nr. 2.

BESCHREIBUNG:
Vom Parkplatz aus wendet Ihr Euch flussabwärts und skatet in nördlicher Richtung auf dem Bürgersteig der Badstraße los. Die Rems liegt links von Euch.
Nach 400 m ist rechts ein Gastropunkt: Vielleicht spart Ihr Euch das Einkehren für den Rückweg auf, dann sprudelt diese Bier-Quelle bestimmt immer noch. Bei km 1 rollt Ihr nach links über eine Brücke, die das Wasser überspannt. Danach geht es nach rechts weiter und die Rems fließt nun rechter Hand. Wenn Ihr an die Verbindungsstraße zwischen Klein-Hegnach und Neustadt kommt, müsst Ihr den Fluss wieder überqueren - also rechts über die Brücke und dann rollt Ihr nach links weiter. Ab jetzt fließt die Rems wieder links von Euch.
Kurze Zeit später skatet Ihr unter einer Straßenbahnbrücke durch und nach 3,5 km seid Ihr am Wendepunkt unserer Tour angelangt.
Wenn Ihr wieder zurück am Startpunkt seid, könnt Ihr übrigens auch in einem Biergarten neben dem Sportgelände einkehren.

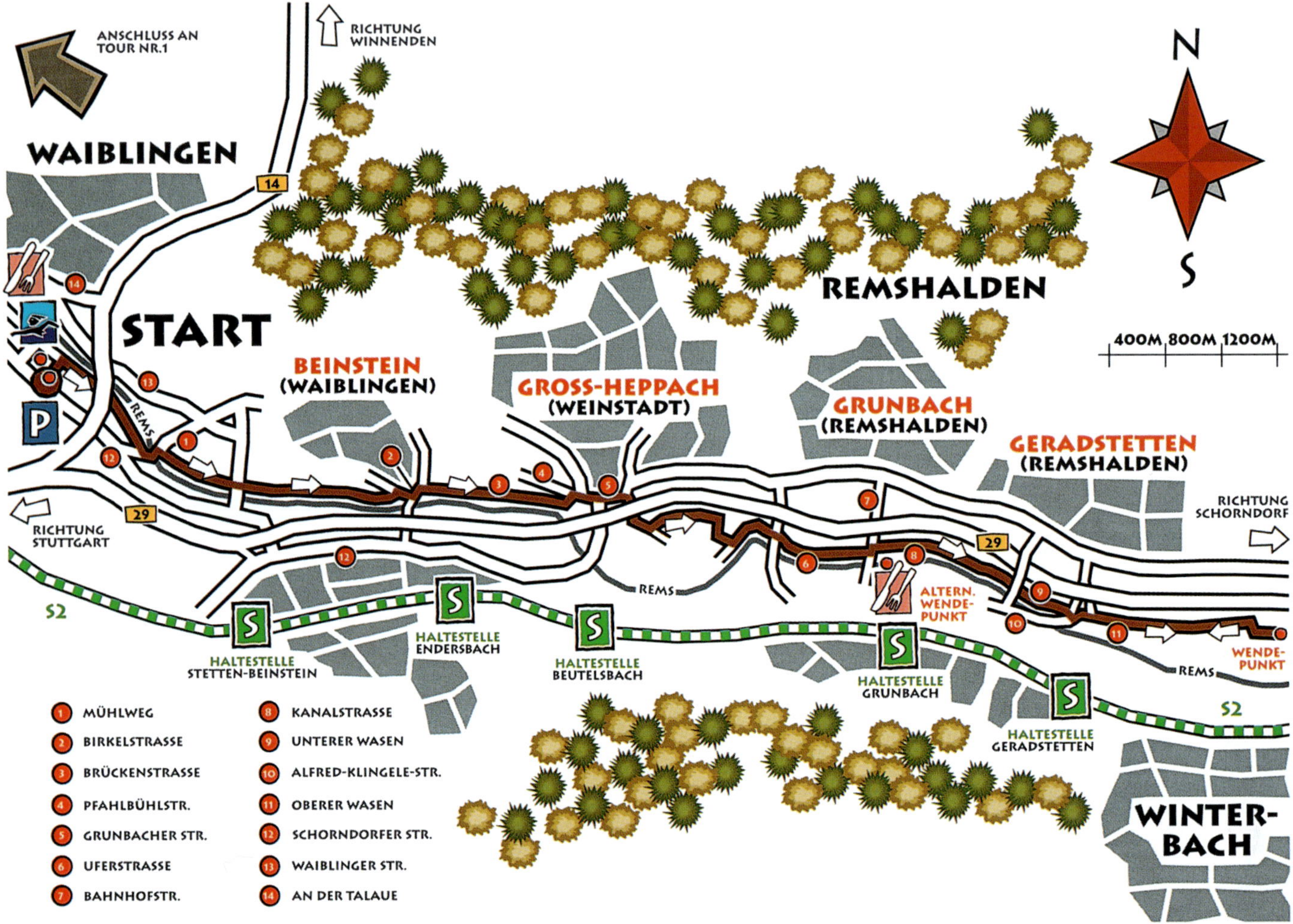
ANSCHLUSS AN TOUR NR.1
RICHTUNG WINNENDEN
WAIBLINGEN
14
N
S
REMSHALDEN
START
BEINSTEIN (WAIBLINGEN)
GROSS-HEPPACH (WEINSTADT)
GRUNBACH (REMSHALDEN)
GERADSTETTEN (REMSHALDEN)
400M 800M 1200M
REMS
RICHTUNG SCHORNDORF
RICHTUNG STUTTGART
29
S2
ALTERN. WENDE-PUNKT
WENDE-PUNKT
HALTESTELLE STETTEN-BEINSTEIN
HALTESTELLE ENDERSBACH
HALTESTELLE BEUTELSBACH
HALTESTELLE GRUNBACH
HALTESTELLE GERADSTETTEN
WINTER-BACH
1 MÜHLWEG
2 BIRKELSTRASSE
3 BRÜCKENSTRASSE
4 PFAHLBÜHLSTR.
5 GRUNBACHER STR.
6 UFERSTRASSE
7 BAHNHOFSTR.
8 KANALSTRASSE
9 UNTERER WASEN
10 ALFRED-KLINGELE-STR.
11 OBERER WASEN
12 SCHORNDORFER STR.
13 WAIBLINGER STR.
14 AN DER TALAUE

TOUR NR. 2

VON WAIBLINGEN NACH WINTERNACH

22 KM / EINGESCHRÄNKT EINSTEIGER-GEEIGNET

LAGE:
Nordöstlich von Stuttgart, an der Rems

STARTPUNKT:
Die Tour beginnt zwischen dem Freibad und dem Sportplatz an der Schorndorfer Straße auf Waiblinger Stadtgebiet.

ANFAHRT:
Pkw: BAB 81, Ausfahrt Zuffenhausen. Weiter auf der B 10 Richtung Stuttgart/ Bad Canstatt. In Bad Canstatt auf der B 14 Richtung Waiblingen bis zur Abfahrt Waiblingen. Der Ausschilderung „Schorndorf“ folgen, bis nach ca. 2 km links das Waiblinger Freibad liegt. Dort die Parkplätze ansteuern.
ÖPNV: Vom Hauptbahnhof Stuttgart mit der S2 (Richtung Schorndorf) bis zum ersten Haltepunkt in Waiblingen. Weiter mit der Buslinie 206 in Richtung Endersbach/Schnait. Aussteigen am Haltepunkt „Waiblingen Freibad“.

STRECKENCHARAKTER:
100 % Asphalt. Hin- und Retour-Strecke mit ganz seltenen, leichten Steigungen und Gefällen. Zu Anfang ist der Asphalt etwas wellig, aber befahrbar.

SPECIALS:
Zwei Gastropunkte, Freibad

TIPP:
Ab durch die Felder und Weinanbaugebiete und immer an der Rems lang. Am Wochenende müsst Ihr Euch den Weg mit vielen Radfahrern teilen. Weil die Tour ziemlich lang ist, solltet Ihr schon etwas in den Beinen haben. Der zweite Gastropunkt bietet sich für Einsteiger als vorgezogener Wendepunkt an. Wer mehr will: Im Norden gibt es eine Verbindung zur Tour Nr. 1.

BESCHREIBUNG:
Vom Startpunkt aus skatet Ihr nach Norden zur Rems. Schon 50 m nach dem Start liegt ein Gastropunkt. An der Rems angekommen, haltet Euch rechts, so dass der Fluss zu Eurer Linken fließt. Die nächste Brücke - das ist der Mühlweg - nutzt Ihr, um die Rems zu überqueren und dann geht es nach rechts auf den Remsdamm. Achtung: Der Weg ist ziemlich schmal und der Asphalt ist hier grob, rissig und wellig. Immer links von der Rems skatet Ihr weiter bis Ihr nach gut 3 km an die Birkelstraße in Beutelstein kommt - hier haltet Ihr Euch links und biegt nach 50 m rechts in einen Radweg ein.

Den befahrt Ihr bis nach Groß-Heppnach: Dort mündet der Radweg in die Brückenstraße. Kurz darauf skatet Ihr nach rechts ein kurzes Stück über die Pfahlbühlstraße zum Eugenplatz. Rollt geradeaus und dann seid Ihr auf der Grunbacher Straße. 400 m weiter haltet Ihr Euch rechts und unterquert die B 29; anschließend folgt Ihr, komme was wolle, dem Radweg Richtung Grunnbach. Erst in Grunbach skatet Ihr wieder direkt links neben der Rems her. Der Radweg mündet bei km 6 in die Uferstraße. An der Kreuzung Uferstraße/ Bahnhofstraße skatet Ihr mit einer Links-rechts-Kombination in die Kanalstraße. Hier findet Ihr den zweiten Gastropunkt unserer Tour. Hier liegt der Wendepunkt für Einsteiger.

Wenn Ihr die Kanalstraße bis zu ihrem Ende fahrt, geht sie in einen Rad- und Fußweg über, auf dem Ihr weiter skatet. Er mündet in Geradstetten in die Straße „Unterer Wasen“. Haltet Euch geradeaus bis zur Kreuzung „Unterer Wasen“/Alfred-Klingele-Straße. Mit einer Links-rechts-Kombination gelangt Ihr in die Straße „Oberer Wasen“, die in einen Radweg mündet. Dem folgt Ihr bis nach Winterbach, wo nach 11 km der Wendepunkt unserer Tour ist.

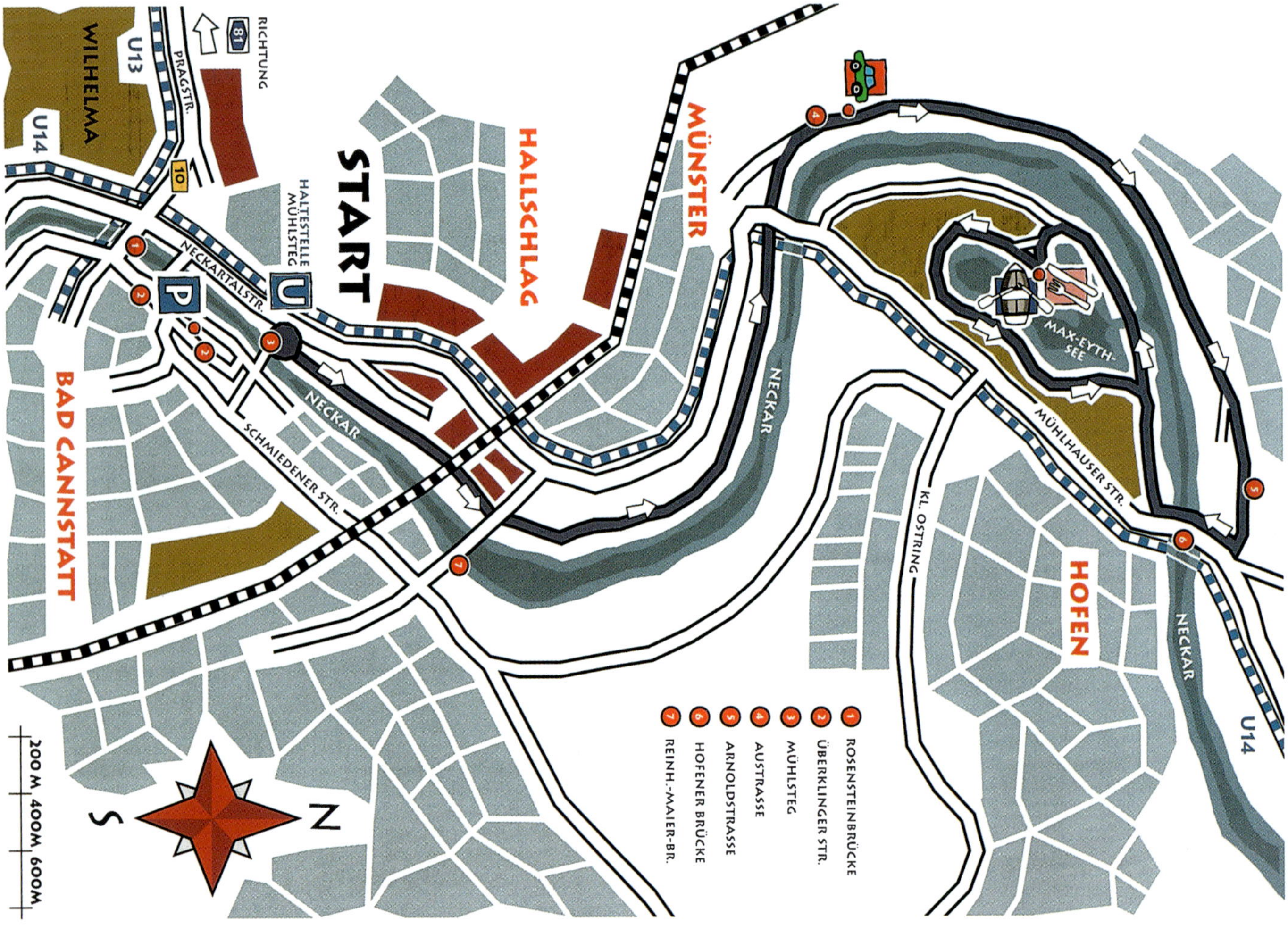
WILHELMA
U13
U14
PRAGSTR.
RICHTUNG
81
10
HALTESTELLE MÜHLSTEG
START
HALLSCHLAG
MÜNSTER
NECKARTALSTR.
P
U
BAD CANNSTATT
NECKAR
SCHMIEDENER STR.
MAX-EYTH-SEE
MÜHLHAUSER STR.
KL. OSTRING
HOFEN
1 ROSENSTEINBRÜCKE
2 ÜBERKLINGER STR.
3 MÜHLSTEG
4 AUSTRASSE
5 ARNOLDSTRASSE
6 HOFENER BRÜCKE
7 REINH.-MAIER-BR.
200 M, 400M, 600M
S
N

TOUR NR. 3

VON BAD CANNSTATT ZUM MAX-EYTH-SEE

15 KM / EINSTEIGER-GEEIGNET

LAGE:
Im Norden Stuttgarts, am Neckarufer

STARTPUNKT:
Neckarbrücke „Mühlsteg", westliches Flussufer (U-Bahn-Seite)

ANFAHRT:
Pkw: BAB 81 Ausfahrt Zuffenhausen, weiter auf der B 10 Richtung Stuttgart/Bad Cannstatt. In Bad Cannstatt überquert Ihr den Neckar auf der Rosensteinbrücke. Danach links in die Überklinger Straße. Nach ca. 300 m gibt es ein Parkhaus. Skatet dann am Neckar entlang, so dass der Fluss links liegt, bis Ihr zur Neckarbrücke „Mühlsteg" kommt und wechselt das Ufer.
ÖPNV: Vom Hauptbahnhof Stuttgart mit der U 14 Richtung Mühlhausen. In Bad Cannstatt am Haltepunkt Mühlsteg aussteigen. Vor der Neckarbrücke nach links orientieren und in die Tour einsteigen.

STRECKENCHARAKTER:
100 % Asphalt, davon 33 % rauh. Durchgängig ebene Hin- und Retour-Strecke mit Seeumrundung auf halber Strecke.

SPECIALS:
Diverse Gastropunkte, Bootsverleih

TIPP:
Abwechslungsreiche Strecke am Neckar entlang, vorbei an Cannstatt und Münster und durch ein Weinanbaugebiet. Da der Weg immer schön eben ist, ist er auch für nicht ganz so konditionsstarke Skater geeignet. Wer trotzdem schwächelt, kann sich auf der halben Strecke im Gasthaus ausruhen.

BESCHREIBUNG:
Am Startpunkt solltet Ihr den Fluss zur Rechten haben und fahrt dann auf einem befestigten Damm Richtung Mühlhausen. Nachdem Ihr - hinter km 3 - Münster hinter Euch gelassen habt, wechselt Ihr vom Damm auf die Austraße. Ihr rollt nun durch eine wenig befahrene Tempo-30-Zone und müsst mit Autos rechnen. Die Austraße geht später in die Arnoldstraße über und Ihr skatet weiter Richtung Mühlhausen. Dort angekommen führt Euch die Arnoldstraße nach knapp 6 km zur Hofener Brücke, auf der Ihr den Neckar überquert. Wenn Ihr von der Brücke kommt, haltet Ihr Euch rechts auf dem Radweg Richtung Max-Eyth-See. Es geht geradeaus an einem Abzweig nach links vorbei (Stelle für den Rückweg merken). Bleibt auf dem Radweg am See entlang, bis nach links ein roter Ziegelweg abzweigt, dem Ihr folgt. Ihr habt den Max-Eyth-See linker Hand. Wenn Ihr Euch im folgenden links haltet, skatet Ihr auf die Landzunge, auf der Ihr einen Bootsverleih und ein Gasthaus findet.
Der Hauptweg führt weiter direkt am See entlang (mit oder ohne Schlenker über die Landzunge). Ihr müsst das Gewässer einmal umrunden, bevor Ihr wieder auf die Euch schon bekannte Weggabelung (siehe oben) trefft, an der es nach rechts zurück zur Hofener Brücke und über den Neckar geht. Ihr seid jetzt fast 9 km gefahren und könnt nun die vom Hinweg bekannte Strecke zurückskaten.

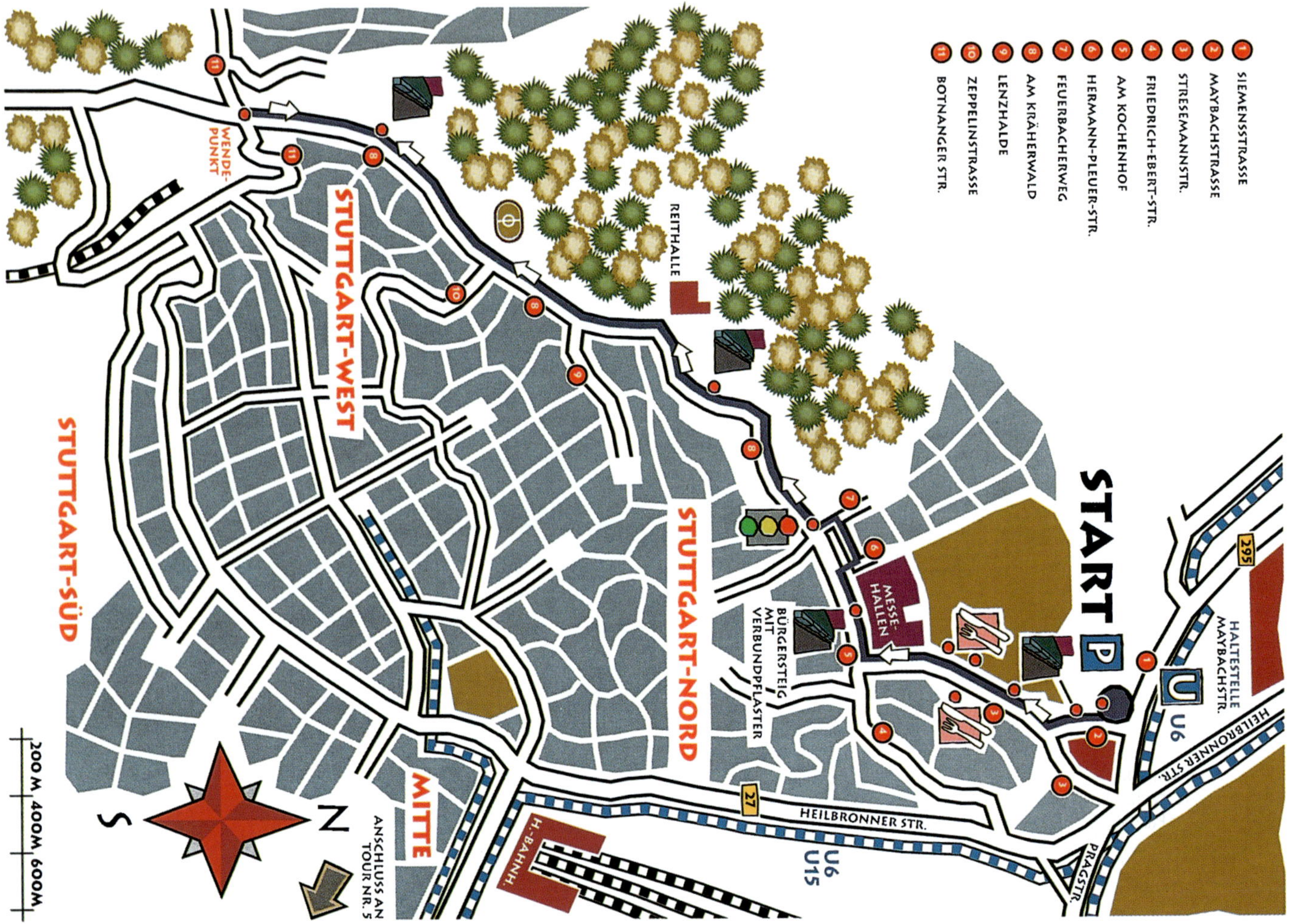
1 SIEMENSSTRASSE
2 MAYBACHSTRASSE
3 STRESEMANNSTR.
4 FRIEDRICH-EBERT-STR.
5 AM KOCHENHOF
6 HERMANN-PLEUER-STR.
7 FEUERBACHERWEG
8 AM KRÄHERWALD
9 LENZHALDE
10 ZEPPELINSTRASSE
11 BOTNANGER STR.
START
WENDE-PUNKT
REITHALLE
STUTTGART-WEST
STUTTGART-SÜD
STUTTGART-NORD
MITTE
MESSE-HALLEN
BÜRGERSTEIG MIT VERBUNDPFLASTER
HALTESTELLE MAYBACHSTR.
U6
295
27
HEILBRONNER STR.
HEILBRONNER STR.
PRAGSTR.
U6 U15
H.-BAHNH.
ANSCHLUSS AN TOUR NR. 5
S
N
200 M, 400M, 600M

TOUR NR. 4

VON DER MAYBACHSTRASSE ZUR BOTNANGER STRASSE

11 KM / EINSTEIGER-GEEIGNET

LAGE:
Nordwestlich des Znetrums von Stuttgart

STARTPUNKT:
Parkplatz an der Maybachstraße

ANFAHRT:
Pkw: BAB 81 Stuttgart-Heilbronn, Ausfahrt Stuttgart-Zuffenhausen. Weiter auf die B 10 Richtung Stuttgart-Zentrum. Kurz bevor sich B 10 und B 27 trennen, fahrt Ihr am Verkehrsknotenpunkt Pragsattel ganz rechts in die Siemensstraße und dann links in die Maybachstraße. Nach 100 m liegt rechts der Parkplatz P3.
ÖPNV: Vom Hauptbahnhof Stuttgart mit der U6 (Richtung Gerlingen) bis Haltestelle Maybachstraße. Wenn Ihr Euch Richtung Stresemannstraße orientiert, habt Ihr Anschluss an die Tour.

STRECKENCHARAKTER:
100 % Asphalt, davon 20 % rauh. Hin- und Retour-Strecke mit seltenen, leichten Steigungen und Gefällen.

SPECIALS:
Diverse Gastropunkte, Messegelände

TIPP:
Ruhige Strecke durch ein Wohngebiet, am Wald vorbei und mit vielen Möglichkeiten, angenehm Pause zu machen. Übrigens: Tour Nr. 5 liegt ganz in der Nähe und startet am Hauptbahnhof.

BESCHREIBUNG:
Vom Parkplatz kommend rollt Ihr nach rechts auf die Maybachstraße in Richtung Stresemannstraße - dort fahrt Ihr erneut nach rechts. Links und rechts des Weges locken Biergarten und Gaststätten. Ob mit oder ohne Pause - weiter geht es geradeaus bis Ihr nach gut 1 km links an den Messehallen vorbei rollt.
Skatet dann nach rechts in die Straße „Am Kochenhof" auf einen Bürgersteig mit Verbundsteinpflaster. Wenn Ihr nun an den Messehallen vorbei seid, bleibt auf der rechten Seite des Lärmschutzwalls; Ihr gelangt so auf einen Fahrrad- und Fußweg mit dem Hinweisschild „Zur Hermann-Pleuer-Straße". Dieser Weg führt später wieder auf die schon bekannte Straße „Am Kochenhof" zurück. Nach 2 km müsst Ihr auf eine Ampel achten und bald darauf ändert die Straße ihren Namen - nun heißt sie „Am Krähenwald". Der Bürgersteig ist zunächst nur einen guten Meter breit. Ihr lasst eine Reithalle rechts liegen und habt bei km 3 wieder mehr Platz.
Kurz darauf skatet Ihr an einem Sportplatz zur Rechten vorbei und nach insgesamt 5,5 km seid Ihr am Wendepunkt: An der Kreuzung „Am Krähenwald"/Botnangerstraße.

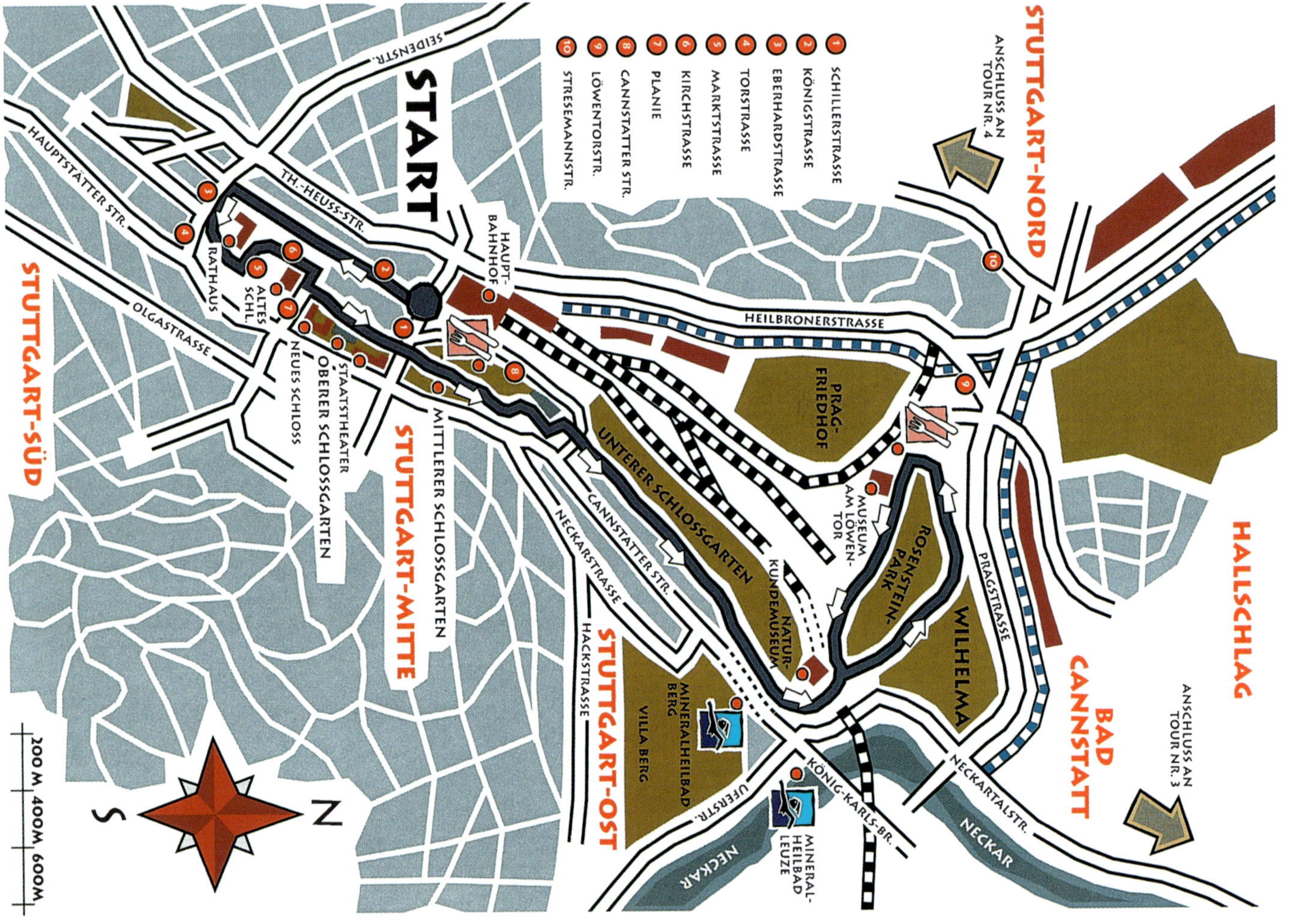

START
1 SCHILLERSTRASSE
2 KÖNIGSTRASSE
3 EBERHARDSTRASSE
4 TORSTRASSE
5 MARKTSTRASSE
6 KIRCHSTRASSE
7 PLANIE
8 CANNSTATTER STR.
9 LÖWENTORSTR.
10 STRESEMANNSTR.
STUTTGART-NORD
ANSCHLUSS AN TOUR NR. 4
SEIDENSTR.
TH.-HEUSS-STR.
HAUPTSTÄTTER STR.
RATHAUS
ALTES SCHL.
HAUPT-BAHNHOF
OLGASTRASSE
NEUES SCHLOSS
STAATSTHEATER
OBERER SCHLOSSGARTEN
MITTLERER SCHLOSSGARTEN
STUTTGART-SÜD
STUTTGART-MITTE
HEILBRONERSTRASSE
PRAG-FRIEDHOF
UNTERER SCHLOSSGARTEN
MUSEUM AM LÖWEN-TOR
ROSENSTEIN-PARK
NATUR-KUNDEMUSEUM
CANNSTATTER STR.
NECKARSTRASSE
HACKSTRASSE
STUTTGART-OST
MINERALHEILBAD BERG
VILLA BERG
WILHELMA
PRAGSTRASSE
HALLSCHLAG
BAD CANNSTATT
ANSCHLUSS AN TOUR NR. 3
NECKARTALSTR.
KÖNIG-KARLS-BR.
UFERSTR.
MINERAL-HEILBAD LEUZE
NECKAR
NECKAR
S
N
200 M 400M 600M

TOUR NR. 5

VOM HAUPTBAHNHOF ZUM ROSENSTEINPARK

11 KM / EINSTEIGER-GEEIGNET

LAGE:
Mitten in der Stuttgarter City

STARTPUNKT:
Königstraße, gleich gegenüber vom Hauptbahnhof

ANFAHRT:
Pkw: Den Schildern Richtung Hauptbahnhof folgen. Da das Parken in der Stuttgarter Innenstadt recht teuer ist, solltet Ihr Euch überlegen, ob Ihr nicht besser mit öffentlichen Verkehrsmitteln fahrt.
ÖPNV: Diverse Linien führen Euch ans Ziel. Sucht Euch halt den kürzesten Weg...

STRECKENCHARAKTER:
55 % Asphalt, 45 % Steinplatten. Hin- und Retour-Strecke mit kleinem Rundkurs statt eines Wendepunktes.
Tour mit wenigen, leichten Steigungen und Gefällen.

SPECIALS:
Zoo (Wilhelma), Neues und Altes Schloss, Spielplätze, Schlossteich, diverse Gastropunkte u.a. Biergarten

TIPP:
Genau die richtige Strecke, um Stuttgart kennenzulernen. Der erste Teil der Tour verläuft durch die Fußgängerzone: Sowohl Kneipen-, als auch Einkaufs- und Kulturspezialisten wird hier alles geboten. Wenn Ihr tagsüber tourt, könnt Ihr schon mal gucken, wo Ihr abends landen wollt. Im zweiten Teil der Tour rollt Ihr mitten durch städtische Grünanlagen.

BESCHREIBUNG:
Gleich gegenüber dem Hauptbahnhof liegt der Einstieg in die Einkaufsmeile Königstraße. Nix wie rein und rollen bis zum Ende. Weiter geht es nach links entlang der Eberhardstraße bis zum „Breuninger" Kaufhaus. Hier skatet Ihr wieder links, diesmal in die Marktstraße. Und dann geradeaus, rechts am Rathaus vorbei, über den Marktplatz in die Kirchstraße. Ihr rollt jetzt weiter geradeaus, über den Schlossplatz, und fahrt links am Alten und am Neuen Schloss vorbei in den Oberen Schlossgarten. Rechter Hand liegt das Staatstheater.
Auf einer Fußgängerbrücke skatet Ihr über die Schillerstraße zum Mittleren Schlossgarten (Biergarten/Café am See). Bis hierher führt die Tour über Steinplatten, die gut zu befahren sind; im Anschluss habt Ihr Asphalt unter den Rollen.

Im Mittleren Schlossgarten angekommen, haltet Ihr Euch auf der rechten Seite des Parks. Ihr überquert dann die zweite Fußgängerbrücke und erreicht den Unteren Schlossgarten. Der Weg führt in Richtung Cannstatt, „Wilhelma" und Naturkundemuseum. Es geht am Mineralheilbad und am Mineralbad Leuze vorbei. Über eine leichte Steigung gelangt Ihr zum Naturkundemuseum. Noch vor dem Museum führt ein Weg rechts zur „Wilhelma".
Die Hauptroute führt geradeaus, am Naturkundemuseum vorbei - lasst es links liegen und fahrt an der folgenden Weggabelung nach rechts in den Rosensteinpark. Hier habt Ihr die Wildgehege der „Wilhelma" zur Rechten und könnt einen Blick in den Zoo werfen. Solltet Ihr nicht sicher sein, ob Ihr noch die „Wilhelma" besuchen wollt, könnt Ihr hier sehen, wie voll der Zoo ist und Euch dann entscheiden.

In einem großen Linksbogen rollt Ihr durch den Rosensteinpark. Nach etwas mehr als der Hälfte des Rundkurses fahrt Ihr links am Löwentor vorbei, wieder Richtung Naturkundemuseum. Dort angekommen, skatet Ihr - an der oben schon beschriebenen Weggabelung - nach rechts, zurück auf den bekannten Weg und retour zum Startpunkt.

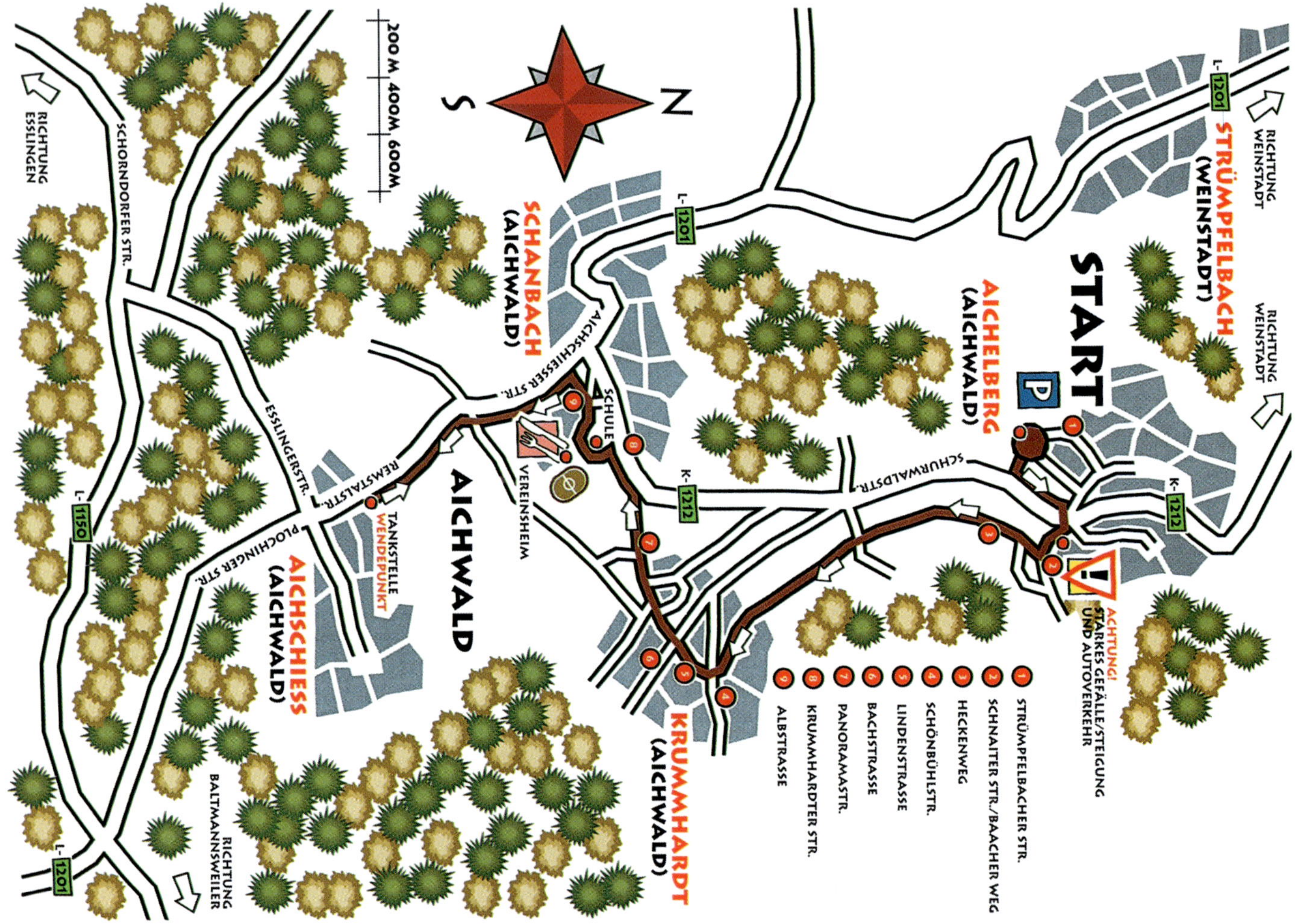
RICHTUNG WEINSTADT
L-1201
STRÜMPFELBACH (WEINSTADT)
RICHTUNG WEINSTADT
START
AICHELBERG (AICHWALD)
P
SCHURWALDSTR.
K-1212
ACHTUNG! STARKES GEFÄLLE/STEIGUNG UND AUTOVERKEHR
1 STRÜMPFELBACHER STR.
2 SCHNAITER STR./BAACHER WEG
3 HECKENWEG
4 SCHÖNBÜHLSTR.
5 LINDENSTRASSE
6 BACHSTRASSE
7 PANORAMASTR.
8 KRUMMHARDTER STR.
9 ALBSTRASSE
KRUMMHARDT (AICHWALD)
K-1212
SCHULE
VEREINSHEIM
AICHWALD
L-1201
SCHANBACH (AICHWALD)
AICHSCHIESSER STR.
S
N
200 M, 400M, 600M
REMSTALSTR.
TANKSTELLE WENDEPUNKT
AICHSCHIESS (AICHWALD)
ESSLINGERSTR.
PLOCHINGER STR.
SCHORNDORFER STR.
L-1150
RICHTUNG ESSLINGEN
RICHTUNG BALTMANNSWEILER
L-1201

TOUR NR. 6

VON AICHELBERG NACH AICHSCHIESS

9 KM / EINGESCHRÄNKT EINSTEIGER-GEEIGNET

LAGE:
Östlich von Stuttgart und nördlich von Esslingen, auf einer Anhöhe zwischen dem Aichwald und dem Schurwald

STARTPUNKT:
Parkplatz an der Kirche am südlichen Ortsrand von Aichelberg

ANFAHRT:
Pkw: Ohne Straßenkarte könnte es recht schwierig werden! Annäherung aus Richtung Esslingen: Ihr fahrt mit Ziel „Aichwald". An Aichschieß und Schanbach vorbei nach Aichelberg. Am Ortseingang von Aichelberg liegt links erst eine Kirche, dann zweigt links eine Straße ab. Folgt dieser Straße bis zum Parkplatz.
ÖPNV: Zu kompliziert - haben wir beschlossen. Sorry!

STRECKENCHARAKTER:
100 % Asphalt, Hin- und Retour-Strecke mit häufigen, leichten Steigungen und Gefällen und einem starken Gefälle, das auf dem Rückweg natürlich zur Steigung wird.

SPECIALS:
Das Vereinsheim ASV Aichwald (Gastro), Sportplatz, Tennisplatz

TIPP:
Landschaftlich schöne Strecke durch Wälder und Weinberge, die Ihr weitgehend für Euch habt.

BESCHREIBUNG:
Vom Kirchparkplatz aus haltet Ihr Euch in Richtung Kirche und skatet bis zur Schurwaldstraße. Biegt nach links auf den Bürgersteig und rollt über ein leichtes Gefälle zur Aichelberger Dorfmitte. Etwa 500 m weiter fahrt Ihr nach rechts in die Schnaiter Straße (später Baacher Weg). Vorsicht: Ihr müsst hier auf der Straße skaten und es geht ein starkes Gefälle hinunter.
Nach weiteren 200 m rollt Ihr nach rechts in den Heckenweg. Dem folgt Ihr bis nach Krummhardt. Dort, nach gut 2 km, fahrt Ihr eine leichte Steigung hinauf und nach rechts den Bürgersteig der Lindenstraße hoch (Es gibt sie also auch im wirklichen Leben!). Die Lindenstraße führt Euch aus Krummhardt heraus, wechselt den Namen (Panoramastraße) und stößt bei km 3 auf die Krummhardter Straße -- skatet nach links Richtung Aichwald.
In Aichwald angekommen, seht Ihr die Schurwaldschule vor Euch liegen. Vor der Schule geht es an der ersten Möglichkeit links auf einen Fuß- und Radweg in Richtung Sportanlagen und dann in einer Rechtskurve um die Schule herum. Linker Hand liegen übrigens der Sport- und der Tennisplatz und das Vereinsheim des ASV Aichwald. Folgt dann der Albstraße nach links, bis zum Schnittpunkt mit der L1201 (Aichschießer Straße): Rollt nun nach links auf den Rad- und Fußweg entlang der Landstraße Richtung Aichschieß.
Am Ortseingang von Aichschieß liegt linker Hand eine Tankstelle - das ist unser Wendepunkt.

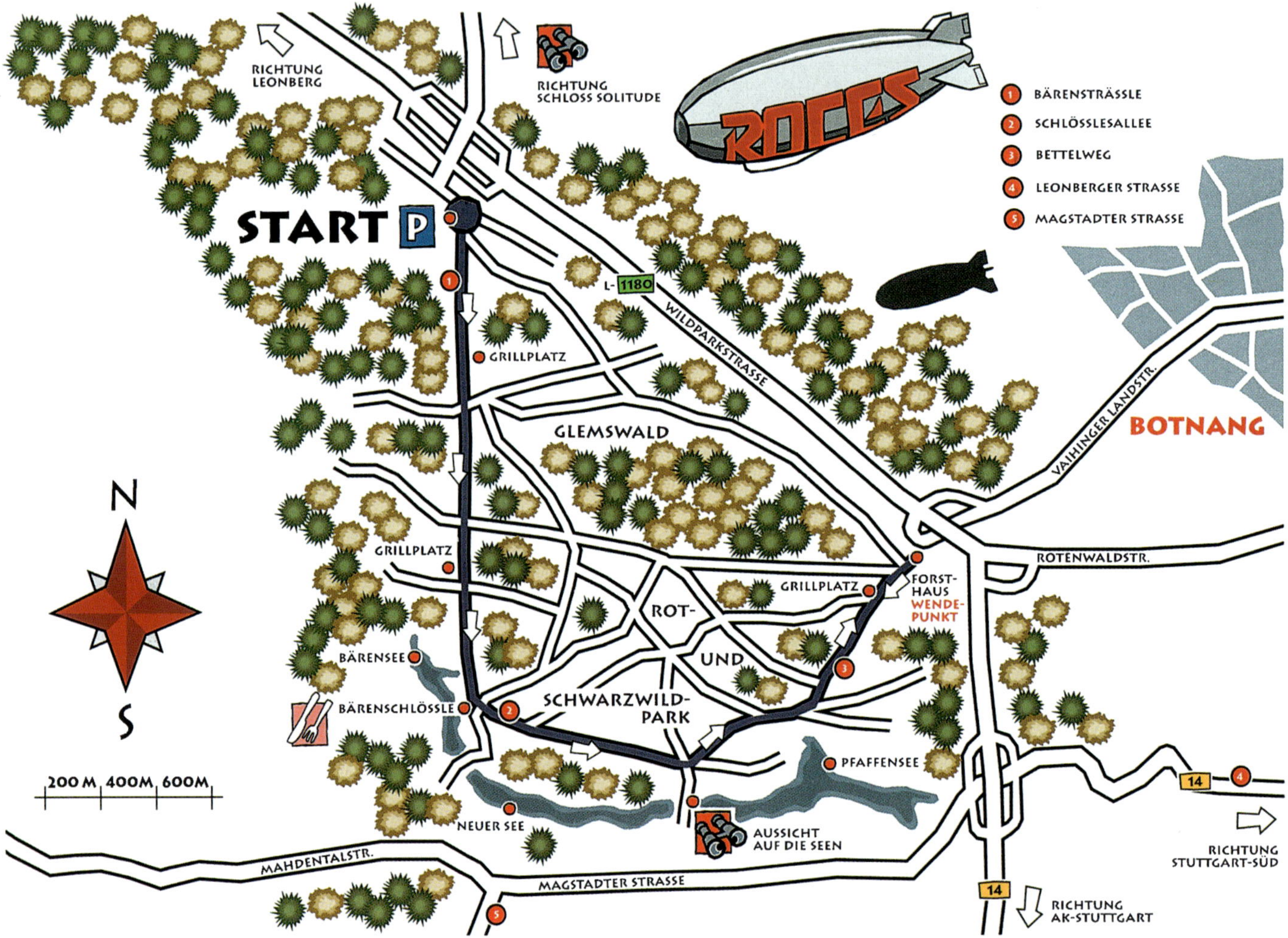
RICHTUNG
LEONBERG
RICHTUNG
SCHLOSS SOLITUDE
ROCCS
1 BÄRENSTRÄSSLE
2 SCHLÖSSLESALLEE
3 BETTELWEG
4 LEONBERGER STRASSE
5 MAGSTADTER STRASSE
START
P
L-1180
WILDPARKSTRASSE
GRILLPLATZ
GLEMSWALD
VAIHINGER LANDSTR.
BOTNANG
N
S
ROTENWALDSTR.
GRILLPLATZ
GRILLPLATZ
FORST-
HAUS
WENDE-
PUNKT
ROT-
UND
SCHWARZWILD-
PARK
BÄRENSEE
BÄRENSCHLÖSSLE
PFAFFENSEE
200 M 400M 600M
NEUER SEE
AUSSICHT
AUF DIE SEEN
14
RICHTUNG
STUTTGART-SÜD
MAHDENTALSTR.
MAGSTADTER STRASSE
14
RICHTUNG
AK-STUTTGART

TOUR NR. 7

BÄRENSCHLÖSSLE

7 KM / EINSTEIGER-GEEIGNET

LAGE:
Westlich von Stuttgart, am Bärensee

STARTPUNKT:
Parkplatz (Damgarten/Bärensträßle), südlich der Wildparkstraße

ANFAHRT:
Pkw: Vom Autobahnkreuz Stuttgart (BAB 8 bzw. BAB 81) Richtung Stuttgart Zentrum. Nach ca. 5 km rechts Richtung Schloss Solitude und damit auf die Wildparkstraße. Nehmt dann die Abfahrt Schloss Solitude und fahrt gleich links über die Brücke. Dann geradeaus auf den Parkplatz.
ÖPNV-Anbindung am Wendepunkt: Von Stuttgart Hauptbahnhof mit der Buslinie 92 Richtung Heslach/Vogelrain, bis Haltepunkt „Forsthaus 1". In Fahrtrichtung weiter zum Parkplatz Forsthaus. Durch die Fußgängerunterführung unter der Wildparkstraße erreicht Ihr den Wendepunkt.

STRECKENCHARAKTER:
100 % Asphalt, davon 30 % rauh. Hin- und Retour-Strecke mit häufigen, leichten Steigungen und Gefällen. Achtung: Der Asphalt hat immer wieder Löcher, in denen Schotter liegt - die können aber leicht umskatet werden.

SPECIALS:
Grillplätze, Gastropunkt am Bärenschlössle. Ganz in der Nähe: Das Schloss Solitude

TIPP:
Eine Strecke mitten durch den Wald für Natur- und Grillfreunde. Die drei Seen, die am Weg liegen, gehören zu den schönsten Naherholungsgebieten Stuttgarts und sind auf jeden Fall einen Abstecher wert. Straßenschuhe ins Gepäck - ein Spaziergang lohnt. Achtung: Wer mit dem Bus kommt, startet am Wendepunkt und wendet am Start.

BESCHREIBUNG:
Vom Parkplatz aus skatet Ihr in südlicher Richtung schnurgerade (Bärensträßle) auf das Bärenschlössle zu. Nach 500 m liegt links der erste Grillplatz, nach 1,5 km rechts der zweite. Am Bärenschlössle angekommen, könnt Ihr einen Abstecher rund um die drei Seen (Bärensee, Neuer See, Pfaffensee) machen. Dazu müsst Ihr allerdings abschnallen und auf Straßenschuhe umsteigen. Unsere Hauptroute führt aber - selbstverständlich auf Rollen - weiter. Skatet an der Weggabbelung nach links auf dem einzigen asphaltierten Weg weiter (Schlössleallee). Kurz darauf teilt sich der Weg erneut: Hier könnt Ihr nach rechts etwa 50 m bis zu einem Damm skaten, der den Pfaffensee vom Neuen See trennt und als Aussichtsplattform ganz attraktiv ist.
Die Hauptroute führt Euch aber an diesem Wegekreuz nach links weiter auf dem asphaltierten Weg. Etwa 500 m bis zur nächsten Gabelung. Nehmt den geteerten Weg nach links Richtung Bettelweg. Ein Stück hinter km 3 rollt Ihr an einem Spiel- und Grillplatz vorbei auf einen Waldlehrpfad zu, den Ihr bis zum Forsthaus skatet. Das Forsthaus ist auch der Wendepunkt unserer Tour.

RICHTUNG
KARLSRUHE
L-1189
MAGSTADTER STR.
BÜSNAU
BÜSNAUER STR.
START
UNBEFESTIGTE
WEGSTRECKE
MITTLERES GEFÄLLE
KATZENBACHSEE
LEICHTES GEFÄLLE
STEILER WERDEND
STARKE
STEIGUNG
KATZEN-
BACHER HOF
LEICHTES
GEFÄLLE
STEILER WERDEND
LEICHTE STEIGUNG
PATCH
BARRACKS
RICHTUNG
SINDELFINGEN
8
ESSLINGER
SPITALWALD
VAIHINGEN
N
S
BUCHRAIN-
FRIEDHOF
RICHTUNG
STUTTGART-
ZENTRUM
BERNHARTS-
HÖHE
(549M)
STARKE STEIGUNG
831
AS-STUTTGART-
VAIHINGEN
LEICHTE
STEIGUNG
200M 400M 600M
AK-STUTTGART
81
RICHTUNG
FLUGHAFEN-STUTTGART

TOUR NR. 8

KATZENBACHER HOF

7,5 KM / FÜR FORTGESCHRITTENE

LAGE:
Im Esslinger Spitalwald, zwischen Sindelfingen, Valhingen und Büsnau im Südwesten von Stuttgart

STARTPUNKT:
Parkplatz am Gasthof „Katzenbacher Hof"

ANFAHRT:
Vom Bahnhof aus kommend über die B 14 nach Büsnau. Auf der Magstadter Straße an Büsnau vorbei Richtung Westen (L1189) zum Parkplatz am „Katzenbacher Hof" (hinterm Steinbachsee nach links).

STRECKENCHARAKTER:
83 % Asphalt, 17 % Schotter. Rundkurs über Waldwege mit häufigen, leichten und ein paar starken Steigungen und Gefällen.

SPECIALS:
Gastro mit Biergarten am Start/Ziel

TIPP:
Strecke für sportliche, konditionsstarke Skater durch den Esslinger Spitalwald und entlang der Autobahn. Ihr seid auf gut geteerten Wegen unterwegs. Am Katzenbacher Hof ist am Wochenende starker Andrang, aber ansonsten ist es ruhig. Ihr könnt die Tour übrigens mit der Tour Nr. 11 („Sindelfingen, am Wasserturm") aus dem Baden-Württemberg-Guide kombinieren.

BESCHREIBUNG:
Vom „Katzenbacher Hof" aus skatet Ihr in Richtung Osten, bis es nach rechts zum Katzenbachsee geht. Die Tour beginnt mit einer schönen Abfahrt über ein mittleres Gefälle.
Nach dem See gabelt sich der Weg und Ihr nehmt den rechten Abzweig - der Katzenbach liegt nun zu Eurer Linken.
Nach einer leichten Steigung erreicht Ihr eine Brücke über den Katzenbach. Kurz darauf, bei km 1,5 skatet Ihr über den Sallenwaldbach, der dann ein kurzes Stück links von Euch fließt.
Nach 2 km müsst Ihr eine starke Steigung hochkraxeln - am Buchrain Friedhof vorbei bis zur Autobahn. Dort angekommen, haltet Ihr Euch rechts und rollt nun, über eine leichte Steigung, auf der rechten Seite der Autobahn weiter. Nach gut 3 km liegt die Bernhartshöhe am Weg.
Ihr skatet etwas später an einer Brücke vorbei, die nach links führt, und rollt geradeaus, bis Ihr bei km 5,5 an eine Gabelung kommt. Nach links knickt der Weg über die Autobahn und Richtung Sindelfingen ab; Ihr aber folgt nun dem Abzweig nach rechts in Richtung „Katzenbacher Hof". Ihr rollt ein leichtes Gefälle herunter, das nach 500 m steiler wird. Nach gut 6 km endet der asphaltierte Teil unserer Route und Ihr fahrt auf einem festgefahrenen Waldweg weiter. Das geht aber ganz gut. Der Weg führt geradeaus über ein leichtes und dann stärker werdendes Gefälle. Zum Schluss müsst Ihr noch einmal eine Steigung hoch und dann seht Ihr schon den Start- und Zielpunkt des Rundkurses.

START
RICHTUNG STUTTGART-MITTE/ FERNSEHTURM
SILLENBUCH
HEUMADEN
KIRCHHEIMER STR.
HEDELFINGER STR.
KINDERGARTEN
SILLENBUCHER MARKT
STUTTGARTER STR.
MITTLERE FILDERSTR.
EICHENPARKSTR.
KURZ ABER STEIL
RIEDENBERG
KEMNATER STR.
RUIT (OSTFILDERN)
JUGENDFARM
STARKES GEFÄLLE
STARKE STEIGUNG
KEMNAT (OSTFILDERN)
K-1218
OSTFILDERN
SILLENBUCHER STR.
HEUMADENER STR.
TANK-STELLE
ZEPPELINSTR.
RICHTUNG FLUGHAFEN
N
S
200 M 400M 600M
1 ÄCKERWALDSTR.
2 RINGELNATZWEG
3 RUDOLF-BRENNER-STR.
4 WALTER-FLEX-STR.
5 LILIENCRONSTR.
6 ILSE-BEATE-JÄCKEL-WEG
7 MELONENSTR.
8 SCHEMPPSTRASSE
9 HAGÄCKERSTRASSE
10 SENEFELDERSTR.
11 SPAICHINGER STR.

TOUR NR. 9

SILLENBUCH

9,5 KM / EINGESCHRÄNKT EINSTEIGER-GEEIGNET

LAGE:
Stuttgart Süd, nördlich des Flughafens

STARTPUNKT:
Parkplatz der Turn- und Festhalle an der Äckerwaldstraße

ANFAHRT:
Pkw: Von der City aus Richtung Flughafen bis zum Fernsehturm. Hier nach links in die Kirchheimer Straße Richtung Sillenbuch abbiegen. In Sillenbuch nach rechts (Rudolf-Brenner-Straße), dann die dritte Straße (Ächerwaldstraße) erneut nach rechts. An der Turn- und Festhalle parken. ÖPNV: Mit der Straßenbahn-Linie 15 bis zur Haltestelle Silberwald. Dann zu Fuß zur Kreuzung Rudolf-Brenner-Straße/Kirchheimer Straße. Rest wie Pkw-Anfahrt.

STRECKENCHARAKTER:
99 % Asphalt, zur Hälfte rauh. Rundkurs mit häufigen, leichten Steigungen und Gefällen. Meistens über Radwege, zum Teil auf wenig befahrenen Straßen.

SPECIALS:
Gastro an der Turn- und Festhalle

TIPP:
Spazieren-Skaten durch eine hübsche Wohngegend und ein Naturschutzgebiet mit Blick auf die Schwäbische Alb und auf den Flugbetrieb (wem's gefällt).

BESCHREIBUNG:
Fahrt auf der Äckerwaldstraße ein Stück zurück, überquert die Rudolf-Brenner-Straße, und bleibt geradeaus auf der Äckerwaldstraße. Ihr skatet daei zuerst durch eine Tempo-30-Straße (Achtung: Verkehr!) und dann über einen Radweg. Nach insgesamt 750 m biegt Ihr rechts in die Liliencronstraße ein.

Wenn Ihr auf eine Wiese trefft, rollt Ihr über feinen Schotter mit einer Rechts-links-Kombination in die Eichenparkstraße. Noch einmal 750 m und Ihr müsst links in die verkehrsberuhigte Melonenstraße einbiegen. Nach einem kurzen, steilen Gefälle kreuzt Ihr die stärker befahrene Schemppstraße. Achtung: Rechtzeitig bremsen! Folgt der Melonenstraße zu den ersten Feldern. Hier müsst Ihr ein kurzes Stück über ziemlich schlechten Asphalt und über ein leichtes Gefälle fahren. Im Anschluss nehmt Ihr den Landwirtschaftsweg, der nach links abzweigt. Es geht an der Jugendfarm vorbei. Nach 100 m rechts abbiegen: Ihr skatet mit starkem Gefälle in eine Senke und anschließend steil bergauf wieder hinaus. Über eine langgezogene Kuppe, mit leichter Steigung und ebensolchem Gefälle, kommt Ihr nach Kemnat, wo Euer Weg in die Hagäckerstraße mündet. Biegt nun nach links in die Zeppelinstraße und überquert die Heumadener Straße (K1218): Mit einer Rechts-links-Kombination lasst Ihr eine Tankstelle links liegen und skatet in alter Fahrtrichtung auf dem einmündenden Landwirtschaftsweg weiter. Rollt 250 m über ein leichtes Gefälle, biegt dann links ab und nehmt im Anschluss den ersten Weg nach rechts: Auf einer Höhenlinie könnt Ihr nun nach Ruit fahren. Dort folgt Ihr der Senefelderstraße nach links, bis zur Stuttgarter Straße, die Ihr überquert. Auf der anderen Straßenseite haltet Ihr Euch links und fahrt den Weg, der parallel zur Stuttgarter Straße verläuft. Nach etwa 250 m geht es über eine Ampel und weiter auf einem Fuß- und Radweg an der Landstraße entlang geradeaus Richtung Sillenbuch.

Geradeaus über die Ampel an der Hedelfingerstraße. Die folgende Ampel überquert Ihr bitte in Richtung Sillenbucher Markt, anschließend gleich (halbrechts) in den Ilse-Beate-Jäckel-Weg. Etwas weiter kreuzt die Spaichinger Straße Euren Weg (geradeaus rüber) und dahinter rollt Ihr auf dem Fußweg halbrechts bis zum Kindergarten.

Am Kindergarten dann schräg links vorbei in die schon bekannte Äckerwaldstraße. Geradeaus geht es zurück zum Startpunkt.

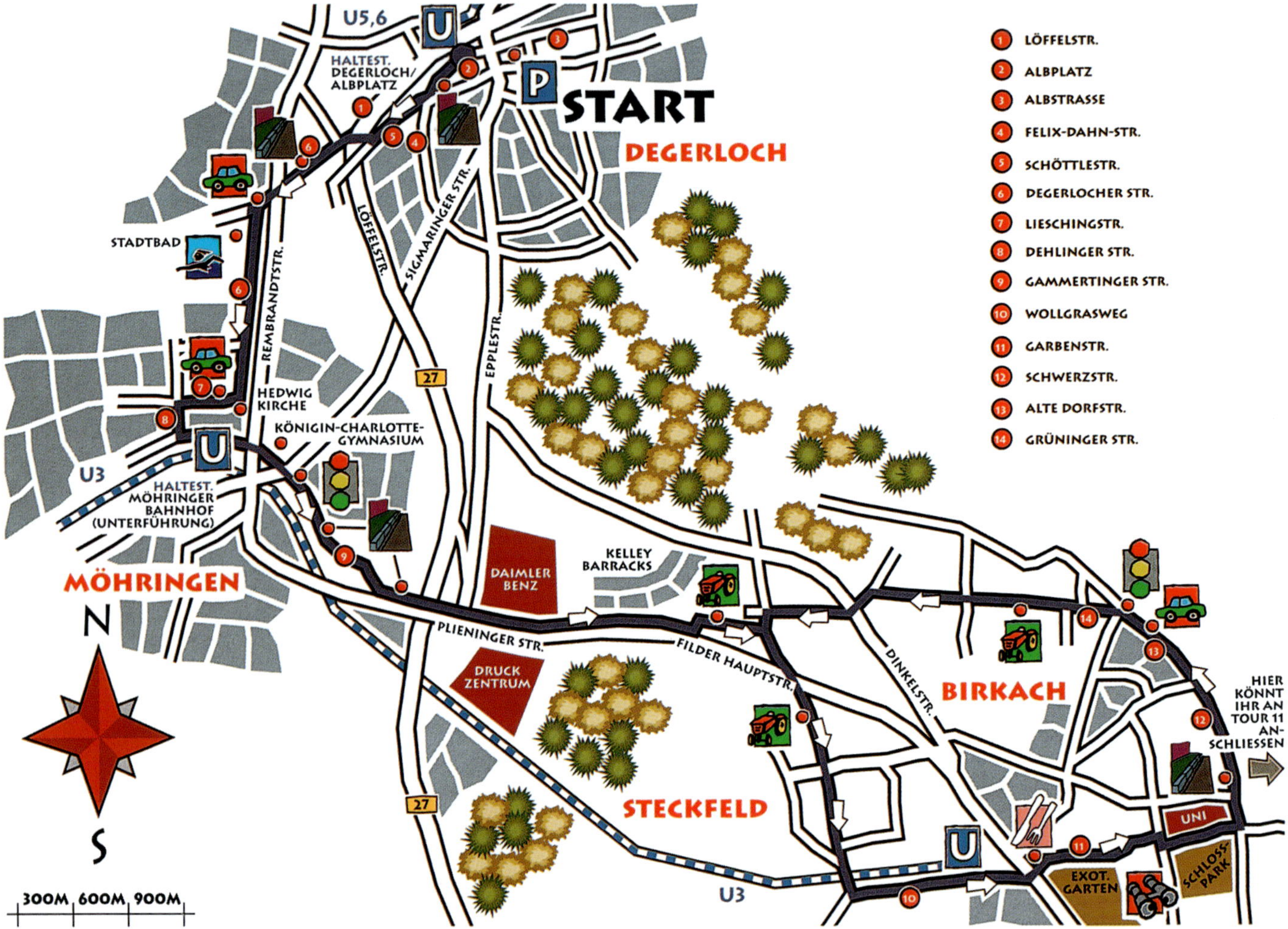
START
DEGERLOCH
MÖHRINGEN
STECKFELD
BIRKACH
U5,6
U3
HALTEST. DEGERLOCH/ ALBPLATZ
HALTEST. MÖHRINGER BAHNHOF (UNTERFÜHRUNG)
STADTBAD
HEDWIG KIRCHE
KÖNIGIN-CHARLOTTE-GYMNASIUM
REMBRANDTSTR.
LÖFFELSTR.
SIGMARINGER STR.
EPPLESTR.
27
DAIMLER BENZ
KELLEY BARRACKS
PLIENINGER STR.
FILDER HAUPTSTR.
DINKELSTR.
DRUCK ZENTRUM
UNI
EXOT. GARTEN
SCHLOSS-PARK
HIER KÖNNT IHR AN TOUR 11 AN-SCHLIESSEN
N
S
300M 600M 900M
1 LÖFFELSTR.
2 ALBPLATZ
3 ALBSTRASSE
4 FELIX-DAHN-STR.
5 SCHÖTTLESTR.
6 DEGERLOCHER STR.
7 LIESCHINGSTR.
8 DEHLINGER STR.
9 GAMMERTINGER STR.
10 WOLLGRASWEG
11 GARBENSTR.
12 SCHWERZSTR.
13 ALTE DORFSTR.
14 GRÜNINGER STR.

TOUR NR. 10

VON DEGERLOCH NACH BIRKACH

18 KM / EINSTEIGER-GEEIGNET

LAGE:
Auf den Fildern, im Süden von Stuttgart

STARTPUNKT:
Albplatz in Degerloch

ANFAHRT:
Pkw: Stadtauswärts über die B 27 (Neue Weinsteige) nach Degerloch. Wenn der Straßenname von „Obere Weinsteige" in Löffelstraße wechselt, zweigt nach links die Albstraße ab. Von der Albstraße gleich wieder links in die Löwenstraße. Zweite Straße links (Epplestraße) und erste Straße rechts (Felix-Dahn-Straße). Parkplatz 50 m vor der Polizeistation. Vom Parkplatz aus nach links halten: Die Felix-Dahn-Straße bringt Euch über die Epplestraße und weiter geradeaus zum Startpunkt.
ÖPNV: Vom Stuttgarter Hauptbahnhof mit der U5 (Leinfelden) oder der U6 (Valhingen) bis Haltestelle Degerloch/Albstraße. Über den Busbahnhof zum Albplatz.

STRECKENCHARAKTER:
100 % Asphalt. Hin- und Retour-Strecke mit Rundkurs auf halbem Weg. Tour mit seltenen, leichten Steigungen und Gefällen.

SPECIALS:
Exotischer und Botanischer Garten und Schlossgarten an der Uni Hohenheim, diverse Gastropunkte

TIPP:
Die Studentenstrecke in Stuttgart, geeignet für alle, die nicth direkt mit Bahn oder Auto an der Uni vorfahren wollen. Ihr könnt von Degerloch aus zur Uni skaten. Natürlich ist die Tour auch für Nichtstudenten freigegeben. Ca. 600 m von der Uni entfernt: Der Anschluss an Tour Nr. 11.

BESCHREIBUNG:
Skatet über den Albplatz zur Albstraße und dann nach links auf deren Bürgersteig in Richtung Schöttlestraße, die wenig später halbrechts abzweigt. Über die Schöttlestraße kommt Ihr zur Ecke Raffstraße: Folgt hier dem Wegweiser zur Stadtbahnhaltestelle (Peregrinerstr.) und überquert die B 27. Rollt auf dem Fußgängerweg weiter Richtung Sonnenberg (etwa 1 km). In Sonnenberg fahrt Ihr auf der wenig befahrenen Degerlocher Straße (Achtung: Verkehr!). Richtung Stadtbad und überquert die Laustraße. Das Stadtbad lasst Ihr dann rechts liegen und seid jetzt auf einem Fuß- und Radweg, der parallel zur Rembrandtstraße verläuft. Nach 2,5 km habt Ihr die Hedwig-Kirche in Möhringen erreicht und fahrt direkt vor der Kirche nach rechts in die Lieschingstraße. Achtung: Hier müsst Ihr wieder mit Autos rechnen!

Biegt nach links ab in die Dehlingerstraße (immer noch Autos!). Ihr erreicht kurz darauf eine Unterführung. Folgt dem Radweg nach links in Richtung Königin-Charlotte-Gymnasium. Ihr müsst über zwei Ampeln. Nach der zweiten Ampel fahrt Ihr auf dem Bürgersteig der Gammertingerstraße bis zur Plieningerstraße. Hier links und auf dem linken Bürgersteig der Plieningerstraße Richtung Osten. Es geht über die B 27, am Autowerk vorbei. Linker Hand liegen die Kelley-Barracks und kurz dahinter kommt Ihr halblinks auf einen geteerten Landwirtschaftsweg.

Die erste Möglichkeit rechts. Und Ihr trefft bei km 6 wieder auf die Landstraße, die hier aber schon Filder Hauptstraße heißt. Überquert die Straße, skatet weiter geradeaus auf dem Landwirtschaftsweg. Etwa bei km 7,5 überquert Ihr die Gleise der Stadtbahn. Dann geht es nach links in den Wollgrasweg und weiter geradeaus in die Garbenstraße (Gastro), Richtung Uni Hohenheim. Nachdem Ihr den Schlosspark passiert habt - Ihr könnt nach einem leichten Rechts-Links-Schwenk geradeaus durchrollen - haltet Euch links auf dem Bürgersteig der Schwerzstraße, die später zur Alten Dorfstraße (Achtung Verkehr!) wird. Am Ende der Straße überquert Ihr eine Ampelkreuzung. Es geht geradeaus weiter zur Grüningerstraße, auf der Ihr erneut zu einem Landwirtschaftsweg gelangt.

Es geht Richtung Westen. Ihr überquert eine kleine Straße (Dinkelstraße) und bleibt nun auf dem asphaltierten Weg. Nach wenigen hundert Metern erreicht Ihr den Landwirtschaftsweg, den Ihr vom ersten Teil der Tour kennen solltet. Er bringt Euch zur Plieninger Straße zurück. Rückweg gleich Hinweg.

START
DEGERLOCH
HOFFELD
BUS 71,72, 73
EPPLESTR.
KÖNIGSTRÄSSLE
RICHTUNG STUTTGART-MITTE/ FERNSEHTURM
KIRCHHEIMER STR.
KEMNATER STR.
RUIT (OSTFILDERN)
STUTTGARTER STR.
STARKES GEFÄLLE (200M)
LEICHTES GEFÄLLE
MITTLERE FILDERSTR.
BIRKACH
KEMNAT (OSTFILDERN)
OSTFILDERN
N
S
FILDER HAUPTSTR.
LEICHTE STEIGUNG
L-1016
HIER KÖNNT IHR AN TOUR 10 ANSCHLIESSEN
UNIVERS.
K-1269
WENDEPUNKT
KLÄRWERK
K-1217
RICHTUNG AS-STUTTGART-DEGERLOCH
STECKFELD
ACHTUNG! STEILE ABFAHRT KEIN AUSLAUF
300 M 600M 900M
BOT.GARTEN
KÖRSCH
SCHARNHAUSEN (OSTFILDERN)
RUITER STR.
PLIENINGER STR.
8
RICHTUNG AS-STUTTGART-FLUGHAFEN
PLIENINGEN
1 REUTLINGER STR.
2 GROSSE FALTER STR.
3 TRAIFELBERGPLATZ
4 TALDORFER STR.
5 BIRKENPILZSTR.
6 ROTWIESENSTR.
7 AULENDORFER STR.
8 RIEDENBERGER STR.
9 REUTLINGER STR.

TOUR NR. 11

VON DEGERLOCH NACH SCHARNHAUSESN

15,5 KM / FÜR FORTGESCHRITTENE

LAGE:

Auf den Fildern, im Süden von Stuttgart

STARTPUNKT:

Traifelbergplatz am Schnittpunkt Pfulingerstraße und Große Falter Straße

ANFAHRT:

Pkw: Stadtauswärts über die B 27 (Neue Weinsteige) nach Degerloch. Wenn der Straßenname von „Obere Weinsteige" in Löffelstr. wechselt, zweigt nach links die Albstraße ab. Diese Richtung Hoffeld bis zum Ende. Links in die Epplestr. und gleich wieder rechts in die Reutlingerstr., dann die dritte Straße rechts (Große Falter Str.) bis zum Traifelbergplatz. Hier links parken. ÖPNV: Mit der Stadtbahn (U5/Leinfelden oder U6/Valhingen oder U7/Degerloch) bis Haltestelle Degerloch. Umsteigen auf die Buslinien 71/72/73 oder 76 bis Haltestelle „Pfulinger Straße".

STRECKENCHARAKTER:

95 % Asphalt, 5 % Betonplatten. Hin- und Retour-Strecke mit vielen leichten und einigen starken Steigungen bzw. Gefällen. Vorsicht: Gefahrenstelle bei km 5!.

SPECIALS:

Direkt an der Strecke gibt es nichts, was hervorzuheben wäre, aber ein Abstecher zum Schlosspark und zum Botanischen Garten (Gastropunkt) ist möglich.

TIPP:

Eine schöne Tour durch's Grüne, die aber nur etwas für bergtaugliche Skater mit Kondition ist. Übrigens: Ein Schwenk Richtung Uni bringt Euch zur Tour Nr. 10.

BESCHREIBUNG:

Skatet vom Traifelbergplatz aus auf den asphaltierten Landwirtschaftsweg Richtung Hoffeld. Nach 1 km rollt Ihr ein leichtes Gefälle nach Schönberg hinunter. In Schönberg angekommen geht der Landwirtschaftsweg in die Taldorfer Straße über. Achtung: Verkehr! Die Autos dürfen hier zwar nur 30 fahren und die Straße ist auch kaum befahren, passt aber trotzdem auf. Ihr kommt an einem Tennisplatz vorbei und skatet die Taldorfer Straße bis zu ihrem Ende - dort geht sie in die Birkenpilzstraße über. Der Straßenbelag ist hier ziemlich grob.

An der T-Kreuzung etwa bei km 2,5 biegt Ihr nach rechts in die Rotwiesenstraße ein und rollt sofort ein 200 m langes starkes Gefälle herunter. Ihr überquert die Aulendorfer Straße und fahrt weiter auf dem Fahrradweg auf der rechten Seite der Mittleren Filderstraße. Nach 4 km führt dieser Weg vor einer Baumgruppe nach rechts eine kleine Steigung hoch. Jetzt skatet Ihr auf einer Höhenlinie auf Betonplatten. Bei km 5 trefft Ihr auf eine Straße. Rechts geht es zum Botanischen Garten und zur Uni; Ihr biegt nach links ab. Vorsicht gefährlicher Abschnitt: Ihr rollt steil den Berg hinunter auf eine Ampel zu, an der Ihr halten müsst. Wenn Ihr nicht absolut sicher auf den Rollen seid, schnallt an dieser Stelle ab!

Haltet Euch an der Ampel (L 1016) geradeaus. Kurz danach macht der Weg einen Rechtsknick und führt wenig später in einem weiten Bogen am Klärwerk vorbei. Ihr rollt in Richtung Reutlinger Straße (K1217) zwischen Scharnhausen und Kemnat. Diesen Teil der Strecke müsst Ihr Euch übrigens oft mit Reitern teilen.

Ihr überquert die Reutlinger Straße (K1217). Skatet weiter geradeaus bis zur Ruiter Straße, die Scharnhausen und Ruit verbindet. An der Kreuzung wenden.

INSELBAD
WENDEPUNKT
S1
UNTERTÜRKHEIM
STUTTG.-OST
OBERTÜRKHEIM
NECKAR
UFERSTR.
AUGSBURGER STR.
10
HALTESTELLE
OBERTÜRKHEIM
S
TENNISPLATZ
HEDELFINGEN
METTINGEN
(ESSLINGEN)
HALTESTELLE
METTINGEN
ESSLINGEN
ANSCHLUSS AN
TOUR NR.13
WEIL
(ESSLINGEN)
HALTESTELLE
ESSLINGEN
HIRSCHLANDSTR.
OBER-
ESSLINGEN
(ESSLINGEN)
ULMER STR.
PLIENSAU-VORSTADT
(ESSLINGEN)
START
P
HALTESTELLE
OBERESSLINGEN
N
S
300 M 600M 900M
1 PLOCHINGER STR.
2 ADENAUERBRÜCKE
3 EBERSPÄCHERSTR.
4 INDEXSTRASSE
5 KURT-SCHUMACHER-STR.
6 VOGELSANGBRÜCKE
7 PLIENSAUBRÜCKE
8 H.-M.-SCHLEYER-BRÜCKE
9 MAX-EYTH-STR.
10 AUENWEG
11 MATTHÄUS-HAHN-STR.
12 SIEMENSSTRASSE
13 HEDELFINGER BRÜCKE
14 HAFENBAHNSTR.
15 IN DEN STEGWIESEN
16 OTTO-HIRSCH-BRÜCKEN
17 BRUCKWIESENWEG
18 LINDENSCHULSTR.
19 ZUM ÖLHAFEN
20 UNTERTÜRKH. BRÜCKE

TOUR NR. 12

VON ESSLINGEN NACH STUTTGART
20 KM / EINSTEIGER-GEEIGNET

LAGE:
Südöstlich von Stuttgart, am Neckar

STARTPUNKT:
Parkplatz Indexstraße in Oberesslingen

ANFAHRT:
Pkw: Von Stuttgart aus fahrt Ihr auf der B 10 Richtung Oberesslingen und überquert bei Bergheim die Adenauerbrücke Richtung Oberesslingen. Die erste Straße (Kurt-Schumacher-Straße) links und sofort wieder links (Eberspächerstraße). Nächste Möglichkeit rechts in die Indexstraße. Dort auf dem Parkplatz parken.
ÖPNV: Vom Stuttgarter Hauptbahnhof aus mit der S1 (Richtung Plochingen) bis Haltestelle Oberesslingen. Richtung Adenauerbrücke und links in die Indexstraße.

STRECKENCHARAKTER:
100 % Asphalt, davon 40 % rauh, Hin- und Retour-Strecke mit seltenen, leichten Steigungen und Gefällen. Die Uferstraße am Neckar ist über weite Strecken schlecht geteert und geflickt, aber befahrbar.

SPECIALS:
Grillrestaurant, Sängerhalle, Vereinsheim der Sportgemeinschaft Untertürkheim, Neckarfreibad, Inselbad, Rollsportanlage am Treffpunkt der Andenauerbrücke mit der Kurt-Schumacher-Straße.

TIPP:
Am Wochenende müsst Ihr durch einen Pulk von Spaziergängern und Radfahrern. Zum Ausgleich habt Ihr durchgehend einen schönen Blick auf den Neckar und auf Weinreben. Vom Startpunkt aus könnt Ihr prima auf die erste Neckarinsel skaten (s. Tour Nr. 13): Dort gibt es mehrere Gastropunkte. Und wer mag, kann am Wendepunkt auf das andere Neckarufer wechseln und dort auf ziemlich schlechtem Belag weiter auf dem Radweg skaten (bis zum etwa 4 km entfernt liegenden Mineralbad Leuze oder bis zum Startpunkt der Tour Nr. 5).

BESCHREIBUNG:
Vom Parkplatz aus skatet Ihr nach links auf die Indexstraße und Richtung Flussufer. Am Neckar angekommen haltet Ihr Euch rechts, so dass Ihr den Fluss zur Linken habt. Ihr rollt unter der Adenauerbrücke durch. Vor dem Neckarfreibad geht es auf den Bürgersteig der Schumacherstraße bis zur Brücke, die zum Wasserhaus führt. Überquert sie. Vor der Pliensaubrücke geht es eine Rampe hinunter und unter der Brücke durch. Danach fahrt Ihr konsequent am Neckaar entlang Richtung Stuttgart Mitte, ihr skatet nach einer Weile unter der Hans-Martin-Schleyer-Brücke durch und biegt im Anschluss erst rechts in die Max-Eyth-Straße ein. Fahrt dann direkt links in den Auenweg, rechts in die Matthäus-Hahn-Straße und dann links in die Siemensstraße. Über den großen Parkplatz geht es mit Blick auf den Neckar rechts. Ihr haltet Euch flussaufwärts bis Ihr an die Ampel an der Hedelfinger Brücke kommt - hier skatet Ihr nach rechts in Richtung der Kreuzung Hafenbahnstraße/ Stegwiesen. Überquert diese Kreuzung. Fahrt rechts auf dem Fahrradweg und lasst den Tennisplatz links liegen. Bei km 7,5 kommt Ihr an eine Schranke - sollten Euch die Beine weh tun, könnt Ihr hier abbrechen und mit der S1 vom Obertürkheimer S-Bahnhof zurück fahren.

Nach knapp 9 km geratet Ihr in ein Straßenwirrwarr - haltet Euch einfach konsequent an den Fahrradweg. Der Weg führt Euch auf den Bruckwiesenweg: Skatet auf dem Bürgersteig und biegt links in die Lindenschulstraße ein. An deren Ende fahrt Ihr rechts über eine kleine Brücke und dann durch die Unterführung zum Inselbad. Hier setzen wir den Wendepunkt.

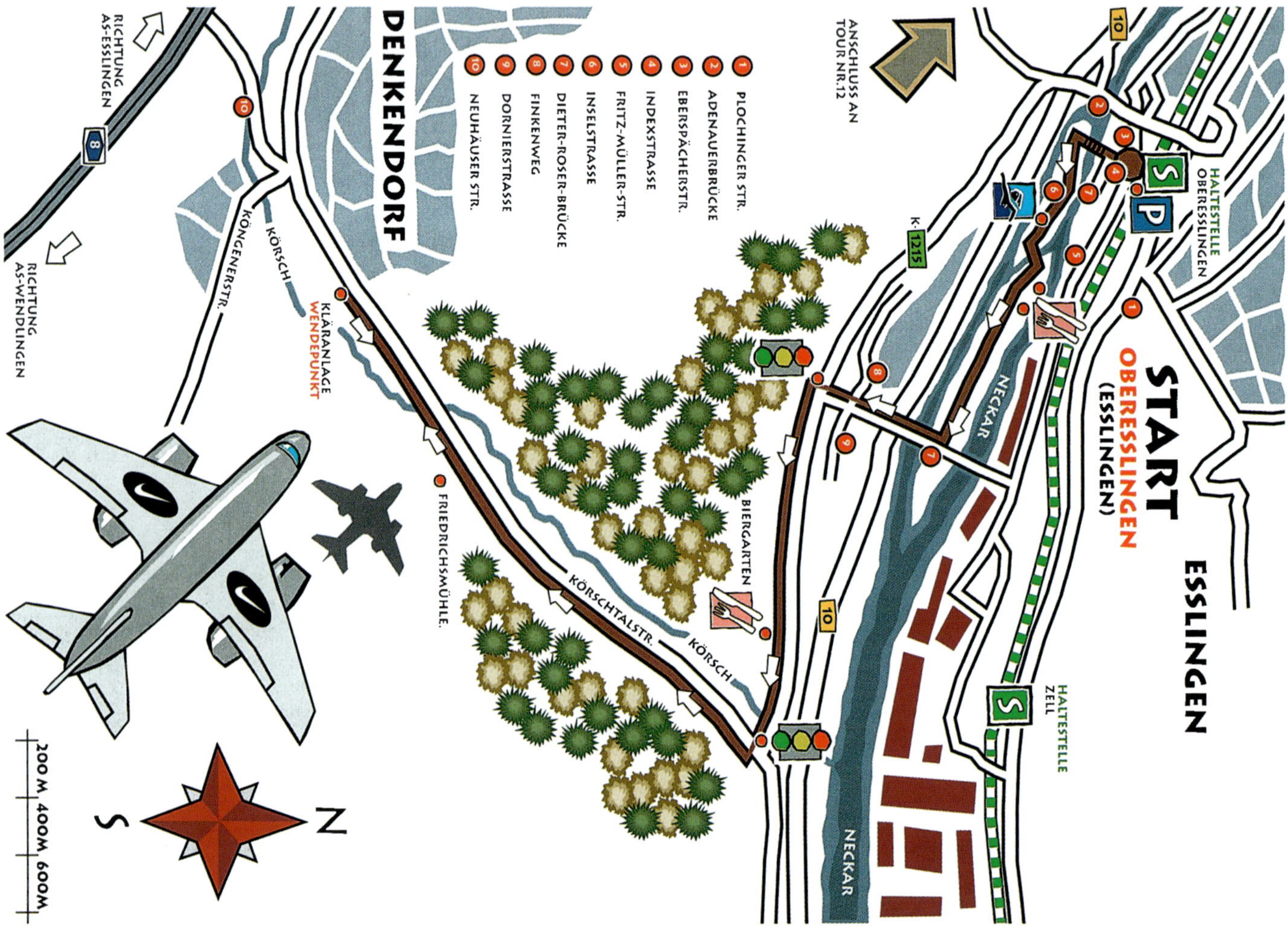
START
OBERESSLINGEN
(ESSLINGEN)
ESSLINGEN
DENKENDORF
1 PLOCHINGER STR.
2 ADENAUERBRÜCKE
3 EBERSPÄCHERSTR.
4 INDEXSTRASSE
5 FRITZ-MÜLLER-STR.
6 INSELSTRASSE
7 DIETER-ROSER-BRÜCKE
8 FINKENWEG
9 DORNIERSTRASSE
10 NEUHÄUSER STR.
ANSCHLUSS AN TOUR NR.12
HALTESTELLE OBERESSLINGEN
HALTESTELLE ZELL
K-1215
NECKAR
NECKAR
BIERGARTEN
KÖRSCHTALSTR.
KÖRSCH
KÖRSCH
FRIEDRICHSMÜHLE.
KLÄRANLAGE WENDEPUNKT
KÖNGENERSTR.
RICHTUNG AS-ESSLINGEN
RICHTUNG AS-WENDLINGEN
8
10
S
N
200 M. 400M. 600M.

TOUR NR. 13

VON ESSLINGEN NACH DENKENDORF

13 KM / EINGESCHRÄNKT EINSTEIGER-GEEIGNET

LAGE:
Südöstlich von Stuttgart

STARTPUNKT:
Parkplatz in der Indexstraße in Oberesslingen

ANFAHRT:
Pkw: Von Stuttgart aus fahrt Ihr auf der B 10 Richtung Oberesslingen und überquert bei Bergheim die Adenauerbrücke Richtung Oberesslingen. Die erste Straße (Kurt-Schumacher-Straße) links und sofort wieder links (Eberspächerstraße). Nächste Straße rechts in die Indexstraße. Dort auf dem Parkplatz parken.
ÖPNV: Vom Stuttgarter Hauptbahnhof aus mit der S1 (Richtung Plochingen) bis Haltestelle Oberesslingen. Richtung Adenauerbrücke, dann links in die Indexstraße bis zum Startpunkt.

STRECKENCHARAKTER:
100 % Asphalt, Hin- und Retour-Strecke mit einigen leichten Steigungen und Gefällen

SPECIALS:
Diverse Gastropunkte, Schwimmbad, Kunsteisbahn

TIPP:
Abwechslungsreiche Strecke am Neckar entlang, über die Neckarinseln und durch Wälder. Die Tour ist zwar nicht besonders lang, aber sie zieht sich ganz schön den Berg hoch. Ihr solltet also ein bisschen Kondition mitbringen. Sorry: Als wir die Strecke gefahren sind, wurde entlang der Dieter-Roser-Brücke noch gebuddelt; wir hoffen, dass die Streckenbeschreibung an der Stelle noch stimmt. Übrigens: Die Startpunkte der Touren Nr. 13 und Nr. 12 sind identisch. Ihr habt hier also gleich zweimal Anschluss…

BESCHREIBUNG:
Vom Parkplatz aus skatet Ihr nach links auf die Indexstraße. Sie mündet in eine hölzerne Fußgängerbrücke, über die Ihr auf die erste Neckarinsel gelangt. Hier fahrt Ihr geradeaus bis Ihr zur Inselstraße kommt. Auf dem Radweg rollt Ihr nach links bis zur Brücke hinüber auf die zweite Neckarinsel. Auf den beiden Inseln liegen übrigens ein Schwimmbad, eine Kunsteisbbahn und zwei Gastropunkte zur Linken. Am Ende der zweiten Neckarinsel biegt Ihr nach rechts auf die Dieter-Roser-Brücke ein (Bürgersteig nutzen). Etwa bei km 2 erreicht Ihr eine Ampelkreuzung (K1215): Überquert die Kreisstraße und rollt nach links auf den Radweg Richtung Delzisau.

Der Neckar fließt links von Euch (rechts könnt Ihr es auch fließen lassen, dort findet sich ein Biergarten am Weg).

An der Ampelkreuzung, die Ihr kurz vor km 4 erreicht, überquert Ihr zunächst die Körschtalstraße (L 1204) und folgt dann dem Radweg, der links an der Landstraße Richtung Denkendorf entlang führt.

Den Rest der Strecke, also fast 3 km, geht es konstant leicht bergauf. Rechts von Euch fließt die Körsch. Kurz nachdem Ihr die Friedrichsmühle passiert habt, überquert Ihr das Flüsschen. Bald darauf gelangt Ihr an den Ortseingang von Denkendorf.

Hier, nach 6,5 Kilometern, setzen wir den Wendepunkt. Umdrehen und auf gleicher Route wieder zum Parkplatz zurück.

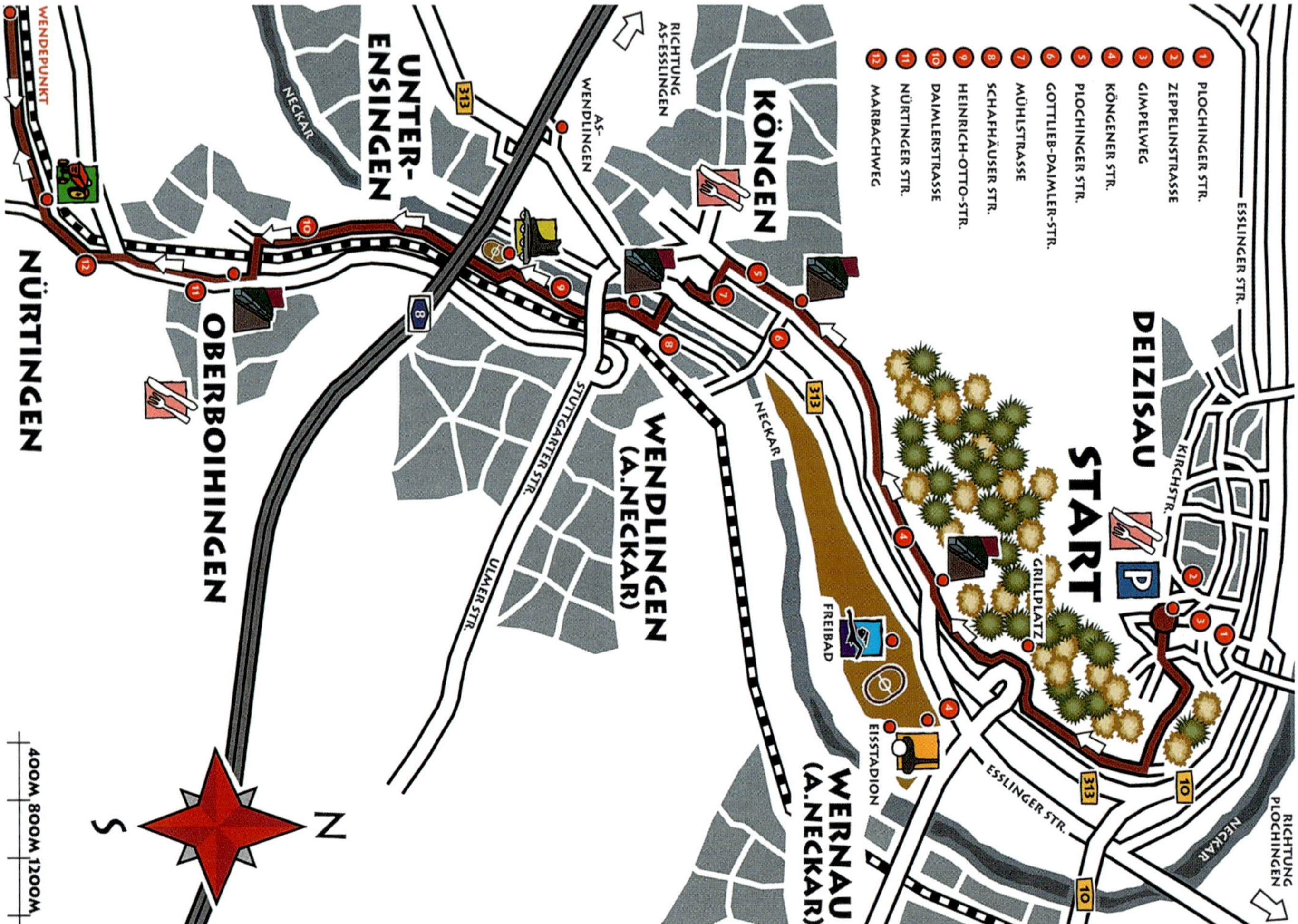
1 Plochinger Str.
2 Zeppelinstrasse
3 Gimpelweg
4 Köngener Str.
5 Plochinger Str.
6 Gottlieb-Daimler-Str.
7 Mühlstrasse
8 Schafhäuser Str.
9 Heinrich-Otto-Str.
10 Daimlerstrasse
11 Nürtinger Str.
12 Marbachweg
Deizisau
Start
P
Köngen
Wendlingen (a.Neckar)
Wernau (a.Neckar)
Unter-Ensingen
Oberboihingen
Nürtingen
Wendepunkt
Richtung AS-Esslingen
AS-Wendlingen
Richtung Plochingen
Esslinger Str.
Kirchstr.
Grillplatz
Freibad
Eisstadion
Neckar
Stuttgarter Str.
Ulmer Str.
313
10
8
400m 800m 1200m
S
N

TOUR NR. 14

VON DEIZISAU NACH NÜRTINGEN

25 KM / EINGESCHRÄNKT EINSTEIGER-GEEIGNET

LAGE:

Südöstlich von Stuttgart, bei Esslingen

STARTPUNKT:

Parkplatz am Ende der Kirchstraße

ANFAHRT:

Pkw: BAB 8, Ausfahrt Wendlingen, Richtung Plochingen/Esslingen. Auf der B 313 weiter Richtung Esslingen. Die B 313 mündet kurz vor Dreizisau in die B 10, dieser Richtung Esslingen folgen und die erste Abfahrt nehmen, Ziel Deizisau. Ihr kommt auf die Plochinger Straße und fahrt nach 100 m links in die Zeppelinstraße. Nach 400 m links in den Gimpelweg und dann links in die Kirchstraße. Parkplatz am Ende dieser Straße.
ÖPNV: Das ist so kompliziert, dass wir davon abraten.

STRECKENCHARAKTER:

99 % Asphalt, zur Hälfte rauh, ein kurzes Schotterstückle. Hin- und Retour-Strecke mit seltenen, leichten Steigungen und Gefällen.

SPECIALS:

Diverse Gastropunkte, Grillplatz, Abstecher möglich Richtung Freibad und Eisstadion. Sportplatz mit Skater-Kombinationen.

TIPP:

Strecke für Skater ohne Konditionsprobleme. Wer doch welche hat, kürzt einfach ab und dreht früher um. Das erste Stück ist ein bisschen wellig, danach wird es aber eben. Selbst am Wochenende ist hier wenig los - Ihr könnt Euch also austoben.

BESCHREIBUNG:

Vom Parkplatz aus geht es Richtung Osten los: Fahrt über ein Gefälle auf den Wald zu und folgt dort dem Radweg Richtung Wernau. Nach 1 km rollt Ihr noch einmal ein Gefälle hinunter und knapp 2 km weiter müsst Ihr eine Kuppe hinauf. Oben erwartet Euch ein Grillplatz. Einige hundert Meter weiter endet der Radweg und Ihr müsst nun auf dem Bürgersteig der Köngenerstraße weiter skaten.
An dieser Stelle habt Ihr die Möglichkeit, einen Abstecher nach links zum Freibad oder zum Eisstadion von Wernau zu machen. Unsere Hauptroute führt aber weiter geradeaus Richtung Köngen. Nach gut 5 km befindet Ihr Euch in der Ortschaft.

Der Straßenname wechselt (Plochinger Straße). Lasst den Abzweig Gottlieb-Daimler-Straße links liegen und biegt etwas später nach links in die Mühlstraße (wenig befahren) ein. Die Straße führt Euch durch eine langgezogene Rechtskurve, danach geht es links in den Mühlehof (Gastro). Wenn Ihr geradeaus fahrt, unterquert Ihr die B 313. Anschließend skatet Ihr über eine Neckarbrücke und haltet Euch danach rechts auf dem Bürgersteig der Schafhäuser Straße. Der Neckar fließt nun rechts von Euch. Achtung: 10 m Schotter. Die Schafhäuser Straße geht in die Heinrich-Otto-Straße über: Hier gibt es einen Sportplatz mit Skater-Kombinationen zum Austoben.
Bei km 8 heißt die Straße dann Daimlerstraße. Und zu Beginn ist der Asphalt hier extrem schlecht - da müsst Ihr durch! Nach gut 9 km skatet Ihr mit einer Links-rechts-Kombination über die Hintere Straße in die Nürtinger Straße.

Es folgen zwei Gastropunkte. Wenn die Nürtinger Straße von einem Bahnübergang gekreuzt wird, fahrt Ihr noch vor den Schienen nach links in den Marbachweg. 750 m weiter biegt Ihr nach rechts in einen Landwirtschaftsweg ein. Nach km 12,5 markiert das Ende des Landwirtschaftsweges den Wendepunkt unserer Strecke.

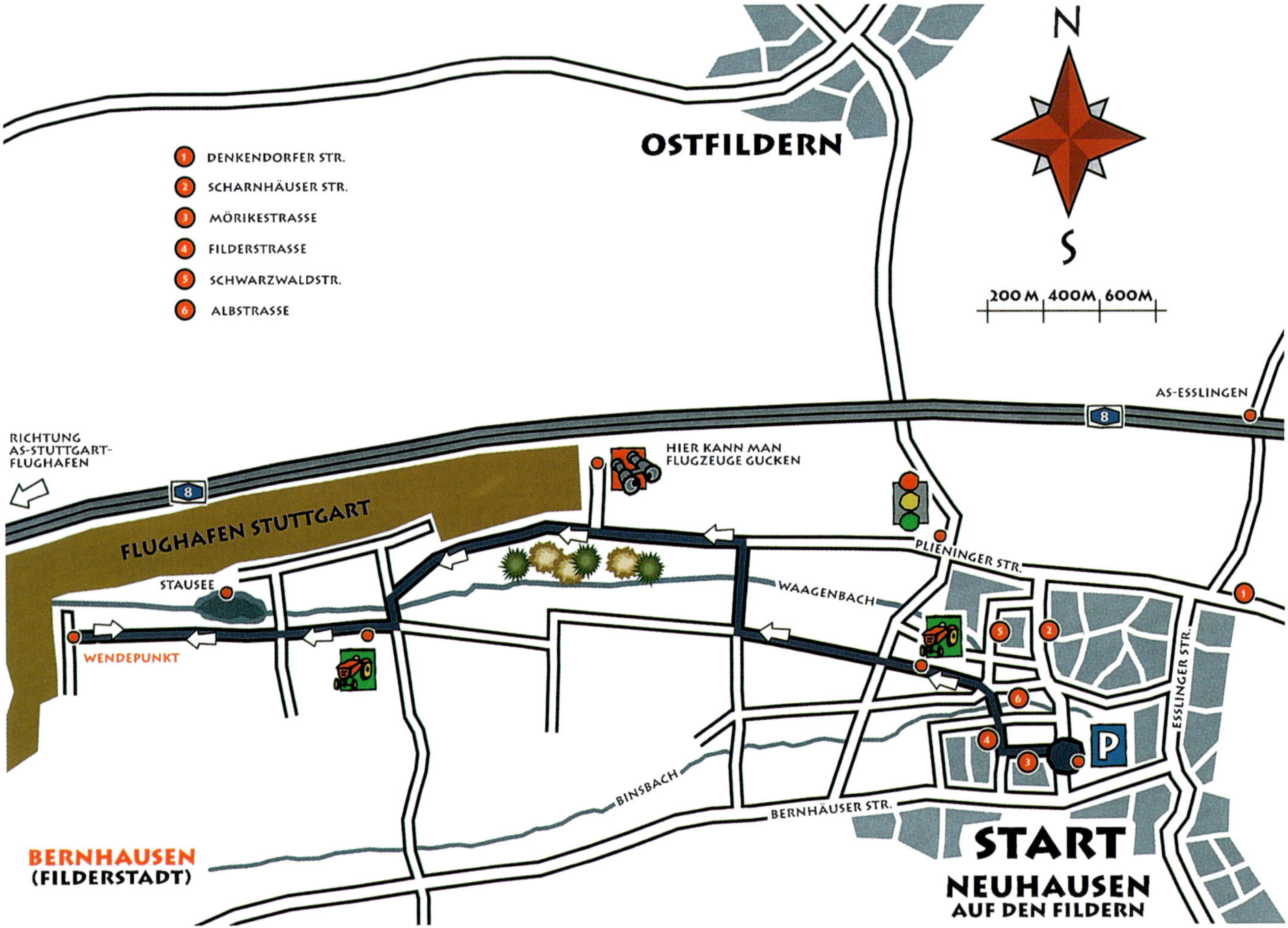
OSTFILDERN
N
S
1 DENKENDORFER STR.
2 SCHARNHÄUSER STR.
3 MÖRIKESTRASSE
4 FILDERSTRASSE
5 SCHWARZWALDSTR.
6 ALBSTRASSE
200 M 400M 600M
AS-ESSLINGEN
8
RICHTUNG
AS-STUTTGART-
FLUGHAFEN
HIER KANN MAN
FLUGZEUGE GUCKEN
FLUGHAFEN STUTTGART
PLIENINGER STR.
STAUSEE
WAAGENBACH
WENDEPUNKT
ESSLINGER STR.
P
BINSBACH
BERNHÄUSER STR.
BERNHAUSEN
(FILDERSTADT)
START
NEUHAUSEN
AUF DEN FILDERN

TOUR NR. 15

VON NEUHAUSEN NACH BERNHAUSEN

10 KM / EINSTEIGER-GEEIGNET

LAGE:
Südlich von Stuttgart

STARTPUNKT:
Friedhofsparkplatz in Neunhausen

ANFAHRT:
Pkw: BAB 88, Ausfahrt Esslingen. Weiter Richtung Neuhausen. In Neuhausen rechts auf die Denkendorfer Straße, die in die Plieninger Straße übergeht. Links in die Schamhäuser Straße und weiter bis zum Friedhofsparkplatz (ca. 80 mm).
ÖPNV: Es ist so schwierig, mit öffentlichen Verkehrsmitteln nach Neuhausen zu kommen, dass wir auf eine Beschreibung verzichten.

STRECKENCHARAKTER:
67 % Asphalt, 33 % Betonplatten. Hin- und Retour-Strecke mit seltenen, leichten Steigungen und Gefällen.

SPECIALS:
Fehlanzeige. Essen und Getränke nur aus dem eigenen Rucksack.

TIPP:
Strecke am Stuttgarter Flughafen. Nicht nur in der Luft, sondern auch auf den Wegen ist viel Verkehr. Besonders am Wochenende sind hier viele Leute „Flieger gucken“. Die Tour ist dennoch auch für Neulinge auf den Rollen geeignet, denn der Weg ist schön breit. Nur ab und zu steht ein Baum am Straßenrand: Wer noch Probleme mit dem Bremsen hat, fährt also notfalls von der Piste in die Pampa.

BESCHREIBUNG:
Skatet vom Parkplatz aus in nördlicher Richtung und dann nach links in die Mörikestraße. Von dort aus biegt Ihr rechts in die Filderstraße ein und rollt geradeaus in die Schurwaldstraße. An der Ecke Schurwaldstraße/Albstraße rollt Ihr nach links auf einen geteerten Landwirtschaftsweg. Die Strecke führt über eine Brücke. Weiter geht es auf großen Betonplatten. Nach 1,5 km biegt Ihr rechts ab, auf einen leicht abschüssigen, geteerten Weg. Etwa 200 m noch, dann rollt Ihr nach links auf eine asphaltierte, breite Straße. Skatet auf dieser weiter. Rechter Hand taucht der Flughafen auf.
Kurz vor km 3 müsst Ihr noch einmal nach links abbiegen und eine kleine Senke durchfahren. Etwa 200 m weiter heißt es noch einmal nach rechts abzweigen auf den Landwirtschaftsweg, der Euch nun stets geradeaus zum Wendepunkt in Bernhausen bringt. Das letzte Teilstück wartet übrigens noch einmal mit Betonplatten auf.

TIPP AM RANDE:
Die Strecke liegt in direkter Nähe des Stuttgarter Flughafens. Wenn Ihr zum eigezäunten Flughafengelände kommt, könnt Ihr auf der Straße am Zaun entlang etwa 200 m nach Norden und eine kleine Steigung hoch skaten. Ihr steht dann direkt unter den abfliegenden und landenden Flugzeugen!

Bayern / 30 Touren
ISBN: 388 474 572-7 /// DM 19,80

Baden-Württemberg / 30 Touren
ISBN: 388 474 574-3 /// DM 19,80

Hessen / 30 Touren
ISBN: 388 474 573-5 /// DM 19,80

Ausverkauft!

Schleswig-Holstein / 30 Touren
ISBN: 388 474 582-4 /// DM 19,80

Frankfurt / 15 Touren
ISBN: 388 474 617-0 /// DM 14,80

Berlin / 15 Touren
ISBN: 388 474 615-4 /// DM 14,80

Hamburg / 15 Touren
ISBN: 388 474 616-2 /// DM 14,80

München / 15 Touren
ISBN: 388 474 622-7 /// DM 14,80

Köln / 15 Touren
ISBN: 388 474 618-9 /// DM 14,80

Ruhrgebiet-West / 15 Touren
ISBN: 388 474 620-0 /// DM 14,80

Ruhrgebiet-Ost / 15 Touren
ISBN: 388 474 619-7 /// DM 14,80

Stuttgart / 15 Touren
ISBN: 388 474 621-9 /// DM 14,80

Bremen / 15 Touren
ISBN: 388 474 712-6 /// DM 14,80

Düsseldorf / 15 Touren
ISBN: 388 474 714-2 /// DM 14,80

Hannover / 15 Touren
ISBN: 388 474 713-4 /// DM 14,80

Kiel / 15 Touren
ISBN: 388 474 716-9 /// DM 14,80

Nürnberg / 15 Touren
ISBN: 388 474 715-0 /// DM 14,80

Paris / 15 Touren
ISBN: 388 474 717-7 /// DM 19,80

Mallorca/Ibiza / 20 Touren
ISBN: 388 474 719-3 /// DM 19,80

Sauerland / 15 Touren
ISBN: 388 474 841-6 /// DM 14,80

Bodensee / 15 Touren
ISBN: 388 474 847-5 /// DM 14,80

Schwarzwald / 15 Touren
ISBN: 388 474 846-7 /// DM 14,80

Leipzig / 15 Touren
ISBN: 388 474 837-8 /// DM 14,80

Saarland / 15 Touren
ISBN: 388 474 848-3 /// DM 14,80

Rhein-Neckar / 15 Touren
ISBN: 388 474 844-0 /// DM 14,80

Rhein-Main / 15 Touren
ISBN: 388 474 843-0 /// DM 14,80

Ostwestfalen / 15 Touren
ISBN: 388 474 840-8 /// DM 14,80

Niederrhein / 15 Touren
ISBN: 388 474 838-6 /// DM 14,80

Harz / 15 Touren
ISBN: 388 474 845-9 /// DM 14,80

Münsterland / 15 Touren
ISBN: 388 474 839-4 /// DM 14,80

Bergisches Land / 15 Touren
ISBN: 388 474 842-4 /// DM 14,80

Niederlande / 20 Touren
ISBN: 388 474 850-5 /// DM 19,80

Österreich 1 / 20 Touren
ISBN: 388 474 851-3 /// DM 19,80

Österreich 2 / 20 Touren
ISBN: 388 474 852-1 /// DM 19,80

Schweiz / 40 Touren
ISBN: 388 474 906-4 /// DM 29,80

WWW.INLINEGUIDE.DE

reichtum
FREMDE
FREMDE